Mito e psicanálise

PSICANÁLISE PASSO-A-PASSO
Direção: Marco Antonio Coutinho Jorge

Ver lista de títulos no final do volume

Ana Vicentini de Azevedo

Mito e psicanálise

ZAHAR

Jorge Zahar Editor Ltda.
rua Marquês de S. Vicente 99 – 1º | 22451-041 Rio de Janeiro, RJ
tel (21) 2529-4750 | fax (21) 2529-4787
editora@zahar.com.br | www.zahar.com.br

Composição eletrônica: TopTextos Edições Gráficas Ltda.

Capa: Sérgio Campante

CIP-Brasil. Catalogação-na-fonte
Sindicato Nacional dos Editores de Livros, RJ.

Azevedo, Ana Vicentini de
A986m Mito e psicanálise / Ana Vicentini de Azevedo. — Rio de Janeiro: Zahar, 2004.
(Passo-a-passo ; 36)

Inclui bibliografia
ISBN 978-85-7110-775-5

1. Mito — Aspectos psicológicos. 2. Psicanálise. 3. Psicanálise e cultura. I. Título. II. Série.

CDD: 150.195
04-0608 CDU: 159.964.2

Sumário

... O mecanismo dos mitos — sua formulação sensificadora e concretizante — de malhas para captar o incognoscível...

João Guimarães Rosa ("Aletria e Hermenêutica")

... O passado traz consigo um índice misterioso, que o impele à redenção. Pois não somos tocados por um sopro do ar que foi respirado antes? Não existem, nas vozes que escutamos, ecos de vozes que emudeceram? ... Se assim é, existe um encontro secreto, marcado entre as gerações precedentes e a nossa...

Walter Benjamin ("Sobre o conceito da história")

Introdução

Um importante jornal de Brasília publicou, há algum tempo, matéria tratando de responder a uma série de dúvidas que comumente temos sobre saúde, alimentação e esporte (por exemplo, se o ovo aumenta o colesterol; se a margarina é melhor que a manteiga, ou se pintas e sinais podem virar câncer). As respostas, todas bastante assertivas e conclusivas, vinham divididas sob duas categorias, ou melhor, dois veredictos: mito ou verdade. Assim, as perguntas sobre o ovo e a margarina foram classificadas de "mito", e a questão sobre pintas e sinais, de "verdade".

Esse fato cotidiano e simples é ilustrativo de uma questão que aqui nos interessa de perto: o que se entende por mito? Se tomarmos essa matéria jornalística como parâmetro, vemos que para o jornal, ou pelo menos para o autor da matéria, opõe-se à verdade, à certeza, à exatidão científica, sendo, portanto, sinônimo de falso, de crença ou superstição, de engano — em suma, de algo que deve ser descartado em prol da razão, de um conhecimento veraz e profundo. Os dois eixos que orientam as respostas podem ser caracterizados, sucintamente, da seguinte forma: de um lado, verdade, razão, conhecimento; de outro, mito, falsidade, fantasia, engano.

A oposição do mito à verdade, ao conhecimento científico, à episteme, não é privilégio, ou equívoco, somente desse jornal. É comum ouvirmos a expressão: "Ah, isso é um mito", quando o ouvinte quer pôr em questão a autenticidade de um fato que lhe é relatado.

Essa oposição, seja na mídia ou no senso comum, tampouco é característica de nossos dias ou de nossa cultura. No filosófico século IV a.C., na Grécia, temos Platão reprovando as fábulas (*mýthoi*, em grego), os relatos fantasiosos de Homero, de Hesíodo e de outros poetas na defesa do discurso racional, filosófico e, portanto, mais verdadeiro que estava em construção. Nessa construção, o *mýthos* dos poetas é investido de características como falso (*psêudos*), ruim ou nocivo (*kakós*), em oposição à desejável verdade (*alethê*). Em face desses atributos e, justamente, com o intuito de corrigi-los, se erguerá o discurso filosófico.

Diferentemente dessa oposição dicotômica, presente tanto na filosofia clássica quanto no senso comum de hoje, a psicanálise, desde seus primórdios, sempre trabalhou no sentido de pôr tal oposição em questão. Já na obra fundante do método psicanalítico, *A interpretação dos sonhos* (1900), o mito figura como uma fonte ímpar de reflexão e inspiração para Sigmund Freud elaborar suas teorias acerca do funcionamento psíquico. O que há nesse tipo de linguagem que chamamos "mito", que a torna objeto de polêmica, por exemplo, na *República* de Platão e, por outro lado, é objeto de fascínio para a psicanálise?

Neste trabalho vamos procurar percorrer algumas vias que possibilitem ao leitor elaborar suas próprias respostas a essa indagação. Para tanto, dividimos esse percurso em duas seções. A primeira tratará de explorar a presença da psicanálise, ou da lógica psicanalítica, em algumas instâncias do discurso mítico. Tomaremos o mito aqui como algo maior que tece, *avant la lettre*, algumas noções que mais tarde serão elaboradas pela psicanálise. Na segunda seção, faremos o caminho inverso — vamos examinar o mito na psicanálise, como esta tem se alimentado dele (mas não só) na construção de suas teorizações. Nessa parte o universo maior será o psicanalítico, em meio ao qual encontram-se conceitos, teorizações, além do próprio mito.

Com esse procedimento busca-se flexibilizar a análise da relação mito e psicanálise, evitando instrumentalizar um ou outro discurso e instituindo um movimento que ponha em questão as fronteiras do fora e do dentro que delineiam cada um desses dois discursos. Nesse exercício de contaminação mútua, visamos matizar uma hierarquização, seja da psicanálise, seja do mito (onde um é sempre maior que o outro), na constituição de uma relação que vá além de uma relação de especularidade e que preserve as especificidades de cada instância discursiva, no exato momento em que se estabelecem pontos de interseção entre elas.

A psicanálise no mito

Uma miríade de possibilidades se abre quando tentamos relacionar mito e psicanálise, quando construímos uma relação entre esses dois campos. A construção, ou relação, que vamos estabelecer aqui será norteada, em um primeiro momento, não por um ou outro campo, mas fundamentalmente pela conjunção "e" que liga os dois. Como a gramática nos ensina, e o próprio nome já indica, a conjunção traz junto, conjuga, põe em relação termos ou orações. No caso do "e", sua qualidade aditiva é facilmente perceptível e, ainda segundo as leis da língua, essa adição dá-se entre termos ou orações de igual função, como, por exemplo, "abra a porta e entre".

Mas será que, fora desse domínio, pode-se sustentar essa simetria ou paridade funcional que apregoa a gramática? Supondo que o período acima houvesse sido retirado de uma narrativa da qual tivéssemos indicações prévias, por exemplo, de que a fechadura estava com defeito, ou de que a personagem-sujeito da ação tivesse problemas impeditivos em entrar nesse espaço, dificilmente situaríamos ambos os verbos em um mesmo plano de igualdade.

De maneira análoga, podemos pôr em questão — ou pelo menos em movimento — a conjunção aditiva "e" que articula mito e psicanálise, a qual, em muitas relações dessa ordem, camufla uma posição privilegiada ou hierárquica de um termo sobre o outro. Como a psicanálise tem nos ensinado ao longo de mais de um século, dificilmente as relações (sejam elas de que natureza for) se dão em bases paritárias, ou de igualdade.

É, pois, no sentido de explicitar essa dissimetria e de minimizar inevitáveis hegemonias entre os dois campos que estarão aqui dialogando que vamos trabalhar sob a orientação do *quiasma*. Conforme a retórica, o quiasma é uma figura de linguagem que se marca pela inversão, pela troca de lugares de termos, tal como: "a bola do jogo" e "o jogo da bola". Vamos aqui procurar manter a bola sempre em jogo em atenção à lógica privilegiada tanto pelo mito quanto pela psicanálise, qual seja, a do movimento plural da metamorfose e a do desejo. Assim sendo, examinaremos, nessa primeira parte, a psicanálise no mito e, na segunda, o mito na psicanálise.

As (in)consistências do mito. Ouve-se com freqüência, particularmente daqueles que estão iniciando sua trajetória em psicanálise, a interrogação acerca das razões que teriam levado Freud a se interessar tanto pelos mitos, especialmente os de origem grega. Em vez de especular sobre as motivações de Freud, o que é uma via pouco frutífera em minha opinião especialmente do ponto de vista psicanalítico, sugiro outra troca de posições: tirar Freud de foco e nos interrogarmos sobre esse tipo de linguagem, chamado mito, que tanto atraiu a atenção do criador da psicanálise. Essa pode ser uma pergunta-chave para entrarmos nesse labirinto que é o campo do mito a fim de refletir sobre (e montar) sua relação com a psicanálise.

Comumente associamos mito a estórias fabulosas, a narrativas fantásticas, muitas vezes absurdas, incoerentes e contraditórias, impossíveis de terem lugar na "vida real". Essa noção comum encontra eco entre as muitas tendências dos estudos sobre mitologia que postulam ser o mito uma estória que se mantém inalterada, independentemente de sua ordenação verbal ou estruturação discursiva. Em outras palavras, para algumas vertentes interpretativas, o mito restringe-se ao domínio do significado, que permanece inalterável, fixo e independente do significante. Medusa vai sempre significar isso ou aquilo, seja ela representada em um vaso ou em um poema de Hesíodo. A fim de matizar essa primazia do significado, façamos mais outra inversão — e são de versões que tratamos aqui —, pondo em relevo o próprio significante.

Em sua *Poética*, Aristóteles nos faz ver a ambigüidade em que está imerso o significante *mýthos* na língua grega. Ao mesmo tempo em que o termo se refere a uma fabulação, a um relato, a uma estória, ele também concerne ao *arranjo* desses fatos fabulosos. Ou seja, o mito, segundo esse filósofo, não é algo somente da ordem do significado, do conteúdo, mas igualmente diz respeito a *como* esse significado se constrói, a uma lógica que preside à articulação significante. Nesse sentido, *mýthos* diz respeito tanto a "fábulas fabulosas", mais ou menos carregadas de sentido, quanto a um tipo de linguagem, a uma razão discursiva, ou *logos* — como, aliás, têm sustentado muitos especialistas, dentre os quais Paul Ricoeur, Jean-Pierre Vernant e Marcel Detienne. Sob essa ótica, podemos desfazer a antinomia "*mýthos* x *logos*", ou "fantasia (aí compreendidas a ficção e, até mesmo, a mentira) x razão", e olharmos o mito como uma "mito-lógica", na expressão de Ricoeur, isto é, como um discurso cujo sentido só poderá advir do exame desse *logos*, da lógica de sua linguagem.

Como vimos, o mito é um termo múltiplo, ambíguo, desde sua própria origem na língua grega, prestando-se a designar composições de vários gêneros literários (épico, lírico e dramático), relatos históricos, lendas da tradição oral, bem como a sua própria ordenação, isto é, os tipos de relação que se estabelecem nesses relatos e que os constituem. Tal ambigüidade etimológica espelha a ambigüidade mesma de sentido presente nos relatos míticos: neles, o significado jamais pode ser tomado de maneira unívoca e fixa. Um mesmo elemento ou significante pode estar referido, por exemplo, à vida ou à morte, ou ainda à ressurreição. Isso vale também para a própria definição de mito: por mais rigorosa e elaborada que seja, ela não terá um alcance universalmente válido, genericamente aplicável a toda gama de arranjos discursivos que temos chamado de mito.

Essas características nos defrontam com dois tipos de dificuldade: por um lado, a variedade daquilo que chamamos de discurso mítico e, por outro, a variedade de discursos sobre o mito que temos desde os primórdios da história. Tais dificuldades acabam por intervir no que designamos como mito. Por essas características, temos que trabalhar com esses dois planos discursivos: o do próprio relato e o da história de suas leituras e interpretações.

Estar alerta a essas dificuldades por um lado, torna ainda maior o desafio de deslindar mitos. Por outro, constitui um indício firme de que não devemos tomá-los como um arquétipo. Dito de outra forma, não devemos tomá-los como um modelo fixo e explicativo do sentido originário, último e definitivo, de questões imersas na história e na cultura, de questões que surgem na e da linguagem e perfazem o humano em suas vacilantes significações.

Mas daí surge uma interrogação: se há no mito uma inscrição histórica tão marcante, o que tem levado inúmeros pensadores, fora do âmbito dos estudos helenísticos, a se debruçar sobre o legado mítico da Grécia Antiga? Como pôde Freud, por exemplo, extrair, desse *corpus* mítico, bases para a fundação da psicanálise nos primórdios do século XX, em plena modernidade? Esse é um ponto polêmico na literatura sobre mito e psicanálise e objeto de crítica a esta última por parte de especialistas em estudos clássicos, antropologia, história e crítica literária.

No centro desse debate está a tensão entre o geral e o particular, entre o coletivo e o individual, entre o universalmente válido e a particularidade histórica e cultural. Em vez de insistir na dicotomia "universal x particular", vamos, na esteira da *Poética* de Aristóteles, situar o mito na interseção entre o universal e o singular, entre a estrutura e sua atualização. Temos em mente, também, o importante trabalho do antropólogo francês Claude Lévi-Strauss, que, ciente da impossibilidade de se circunscrever o mito a um único plano discursivo, propõe que o pensemos tal como a lingüística pensa a língua. De acordo com esses estudos, especialmente os de Ferdinand de Saussure, a linguagem estrutura-se em torno de dois eixos: o da língua, que comporta a dimensão do que é invariável e, portanto, estrutural; e o da fala, domínio da contingência, da atualização pulsante e singular da língua.

Além de permitir superar a dicotomia "universal x particular" e de situar o mito na confluência do contínuo e do descontínuo, o trabalho seminal de Lévi-Strauss põe em relevo um outro aspecto da linguagem mítica que nos interessa de perto: a repetição. Ao sublinhar o caráter contingencial do mito, o antropólogo acentua também a similaridade das estórias ao redor do mundo e em tempos variados da história — há algo que se repete, que é similarmente insistente na linguagem mítica, em meio a suas particularidades históricas ou culturais. Tal repetição tem por efeito expor, desvelar um ponto nodal dessa linguagem: a atenção a contradições e à sua superação. Sob essa ótica, vemos que não é à toa, então, que sejam recorrentes nos mitos questões como vida e morte; o mesmo e o outro; a diferença sexual; o perene e o transitório; e assim por diante.

O magnetismo do mito. Tanto o mito como linguagem quanto a questão da repetição de contradições constituem pontos notáveis da atração que o discurso mítico tem exercido sobre a psicanálise. O inconsciente, a espinha dorsal dessa descoberta freudiana chamada psicanálise, também estrutura-se como uma linguagem, conforme insistiu Jacques Lacan, a partir de Freud. Uma linguagem que, sobretudo, se funda no paradoxo, na coabitação de opostos e na repetição, na tendência a retornar sempre ao mesmo ponto; em geral, ao ponto de encontro com uma satisfação originária e absoluta e, portanto, mortífera.

Por essas breves indicações, podemos já perceber que, tanto na esfera do mito quanto na do inconsciente, estamos muito distantes de alguns atributos comumente a eles associados: as profundezas obscuras, o primitivo, "o lugar das divindades da noite", como ironizou Lacan. Somos, sim, confrontados e, às vezes, afrontados por questões que gravitam em torno das origens, do sujeito, do mundo, do sujeito no mundo, da (sua) história. Disso se ocupam os mitos e a psicanálise enquanto prática clínica. É significativo lembrar, nesse sentido, que clínica vem do verbo grego *klíno*, deitar, reclinar — posição privilegiada para o nascimento, a doença, o sexo, a morte, o sonho e o devaneio, experiências que encontram no divã psicanalítico seu signo emblemático.

Deitar-se para relembrar, para rememorar o que não pode ser esquecido. Mais uma vez, o antigo grego traz novas luzes, olhares: ao que não se esquece, dá-se o nome de *alétheia*, também traduzido por "verdade". É dessa verdade que se ocupam o mito e a psicanálise. Retendo nossa atenção ao primeiro, vamos seguir a trilha que esboçamos acima (a de que o mito é uma linguagem) e prestar atenção à língua que constrói esse *corpus* complexo que denominamos mitologia grega.

Antes disso, uma ressalva de percurso, de método: método, etimologicamente, diz respeito a caminho. Estamos aqui circunscrevendo ainda mais nosso foco de discussão: na relação mito e psicanálise, estamos privilegiando a mitologia grega, ainda que esta seja, como sustentam vários especialistas, mais pobre, se comparada, por exemplo, a tradições míticas da Ásia, da África e das Américas. Ao contrário destas, da Grécia temos apenas parcos fragmentos e comentários tardios, o que sempre haverá de nos deixar, enquanto leitores e intérpretes, em posição tateante.

A eleição da Grécia recai, primeiramente, por sua força de atração sobre Freud em sua construção da psicanálise (alguns dos elementos desse campo de força é o que tratamos aqui de apontar). Em segundo lugar, e também em consonância com estudiosos de mitologia comparada, a tradição mítica grega situa-se em um nível intermediário entre a filosofia e a religião. Pela presença e participação destes dois últimos discursos na fundação e robustecimento da psicanálise, podemos ver nesse nível intermediário da mitologia grega mais um outro pólo de atração não só para Freud mas também para a tradição humanista no Ocidente, de maneira geral.

Pares antitéticos. Como vimos, a partir de Lévi-Strauss, o objetivo primordial do mito, seja ele grego ou não, é dar conta de contradições, ou fornecer um modelo lógico para superá-las. Ao sublinharmos acima a questão da verdade, como central à lógica mítica grega e à psicanálise, trouxemos, *en passant*, sua antítese: o esquecimento — *Léthe*, em grego. Essa oposição indica, em primeiro lugar, o fato de que a questão da verdade é, antes de tudo, uma questão de palavra, de linguagem. Vejamos.

Em uma das principais fontes da mitologia grega, o poema *Teogonia*, de Hesíodo (c. séc. VIII a.C.), no catálogo dos Filhos da Noite, temos *Léthe* personificada como filha de Discórdia (*Éris*). "*Éris* hedionda pariu Fadiga cheia de dor / Olvido (*Léthe*), Fome e Dores cheias de lágrimas", relatam os versos 226-27, na tradução de Jaa Torrano. A personificação do esquecimento traz à luz um importante mecanismo da linguagem mítica — a coexistência de pelo menos dois planos: um referencial, denotativo e abstrato, onde *léthe* é esquecimento, olvido; e outro metafórico, onde vícios e virtudes humanas tornam-se concretos, encarnados, têm vida própria e, assim sendo, são obras dos homens. Note-se, a esse respeito, que Discórdia é a única, dentre os filhos da noite, a se reproduzir, a engendrar outras mazelas da vida humana. Essa justaposição entre o sensificador e o concretizante a que alude a epígrafe de Guimarães Rosa no início, essa ambígua tensão entre a abstração e a concretude é produtiva, na medida em que permite ao discurso mito-poético inscrever a noção de esquecimento no campo semântico da noite, da morte, das trevas, do silêncio, da dor e do sofrimento.

Do outro lado temos *Alétheia*, literalmente, o não-esquecimento, ou seja, uma força positiva que se afirma na e pela negatividade, em tensão com uma força negativa, o esquecimento e sua linhagem, que se afirma positivamente. Ao invés de uma oposição excludente, que vigoraria em uma lógica clássico-racional, temos a constituição de um par dialético, onde um termo está implícito no outro. Tal ambigüidade perfaz, por excelência, a lógica da linguagem mítica, que se caracteriza por transbordar o princípio da não-contradição (princípio este que é marca do discurso racional-filosófico). É nessa fonte mito-lógica onde a psicanálise irá encontrar sua maior báscula, residindo aí a sustentação mais notável para a afirmativa de Lévi-Strauss de que *há já muita psicanálise no mito*. Dito de outra forma, o mito põe na cena da palavra, da linguagem, muito do que a psicanálise vai mais tarde explicitar, a partir da lógica do inconsciente, tanto em sua teoria quanto em sua prática clínica.

Ao longo de toda a sua obra, Freud tratou de firmar e afirmar essa filiação da psicanálise direta ou indiretamente

— e filiação, isto é, linhagem, história, é fundamental a ela. Em um pequeno ensaio de 1910, "O sentido antitético das palavras primitivas", encontramos, de forma concisa e cuidadosa, a questão da lógica dos contrários. A "via régia do inconsciente", qual seja, a linguagem do sonho, caracteriza-se por ignorar as oposições, por empreender uma combinação dos contrários em torno de um único elemento (hoje diríamos significante, com Lacan) ou por representá-los como uma mesma coisa.

A fim de comprovar essa idéia, já amplamente trabalhada dez anos antes na *Interpretação dos sonhos*, Freud busca suporte no trabalho do filólogo alemão Karl Abel para mostrar como o trabalho do sonho estrutura-se de maneira idêntica às linguagens mais arcaicas. Em egípcio antigo, mostra Abel, mais do que a coalescência de sentidos antitéticos em um mesmo vocábulo, tem-se palavras compostas por dois termos antitéticos que comportam somente um dos sentidos deles.

Algumas das descobertas de Abel foram questionadas por filólogos posteriores, conforme nos apontam os editores da *Standard Edition* das obras de Freud. No entanto, é importante sublinhar que o interesse do psicanalista não recaía sobre os dados filológicos, mas sobre a estrutura da linguagem que há anos ele vinha deslindando em suas elaborações sobre o funcionamento do aparelho psíquico, notadamente do inconsciente. (Note-se a esse respeito que Freud não teve acesso aos revolucionários estudos lingüísticos de Saussure.) Foi devida a essa solidariedade estrutural, antecipada por Freud, que Lacan pôde afirmar que "o inconsciente estrutura-se como uma linguagem" e que o próprio Freud tenha insistido na importância de os analistas conhecerem o desenvolvimento da linguagem, a etimologia, a fim de poderem entender e trabalhar na tradução da "linguagem do sonho".

O "par antitético" Verdade-Esquecimento mostra agudamente, *avant la lettre*, esse princípio basal da psicanálise: a dualidade como estruturante da vida psíquica. Uma dualidade em especial põe-se em relevo na metapsicologia freudiana, onde, mais uma vez, temos a presença bussolar da mitologia grega: Eros-Tânatos (pulsão de vida-pulsão de morte). Antes de visitarmos essas duas divindades e, mais ainda, muito antes de tratá-las como pulsão, fiquemos um pouco mais com Verdade.

"*A verdade tem estrutura de ficção.*" Em uma leitura ligeira e comum, o título acima, de Lacan, poderia ser visto como um caso exemplar de opostos: "verdadeiro x falso". Esse par difunde-se de tal forma na tradição ocidental de pensamento, que o fundador da moderna lógica matemática, o alemão Gottlob Frege (1848-1925), avança a idéia de que todas as proposições se subdividem em duas categorias: as proposições que têm como referência o verdadeiro e as que têm como referência o falso.

Em se tratando de Verdade, conformada pelo pensamento mítico grego, e esposada pela psicanálise, estamos muito distantes de Frege. Mais uma vez, a *Teogonia*, de Hesíodo, nos faz caminho. A primeira palavra do poema é já um sinal de alerta: *Mousáon*, das Musas, ou através das

Musas. São essas divindades múltiplas e poderosas a comparecer, de maneira invocativa, no primeiro verso da *Odisséia*, de Homero: "Conte-me, ó Musa, sobre o homem de muitos ardis [*polýtropon*]." O pedido é reiterado logo adiante, no décimo verso: "Destas coisas, ó deusa, filha de Zeus, conte-nos, principiando por onde quiserdes."

A dupla invocação de Homero à filha de Zeus é indicativa do status da Musa no idioma mito-poético. Além da olímpica linhagem, cabe à Musa a tarefa de falar/cantar através do poeta, de ordenar o canto. Ou seja, é prerrogativa dela decidir o que dizer e como dizê-lo. Conforme vimos acima, essa é a noção de *mýthos* cunhada por Aristóteles. Mito e Musas entrelaçam-se na atividade poética, sendo essas as tecelãs daquele.

Hesíodo é ainda mais eloqüente no que concerne às Musas, como, por exemplo, nos versos 22-28 da *Teogonia*:

> Elas um dia a Hesíodo ensinaram belo canto
> Quando pastoreava ovelhas ao pé do Hélicon divino.
> Esta palavra [*mýthon*] primeiro disseram-me as deusas
> Musas Olimpíades, virgens de Zeus porta-égide:
> "Pastores agrestes, vis infâmias e ventres só,
> sabemos muitas mentiras [*pseúda*] dizer
> símeis [*homoîa*] aos fatos
> e sabemos, se queremos, dar a ouvir revelações [*alethéa*]..."

O primeiro ponto a ser destacado diz respeito à circunscrição da tarefa do poeta à esfera do *mýthos*, que ganha, na tradução de Jaa Torrano, mais uma importante dimensão: a da palavra. É nela que se situa o falso, o enganoso e o verdadeiro. Será que estamos, então, solidários às duas categorias que Frege identifica na classificação das proposições? A questão é de intricada interpretação, conforme apontam comentadores da *Teogonia*, e nos permite uma via alternativa, distante da oposição binária.

Na qualidade de gestoras da palavra, do canto poético, as Musas podem produzir palavras que, enganosamente se assemelham aos fatos e que estão em conformidade (*homoîa*) com eles, como também os conformam. Pois bem, é justamente nessa "mentira", que busca se assemelhar aos fatos — e assim assimilá-los —, onde reside o fulcro da ficção, do encanto poético. As Musas parecem aqui antecipar uma compreensão aguda da ficção como uma mentira que diz a verdade, conforme também indica o aforismo de Lacan sobre a verdade como ficção.

Que verdade é essa que as Musas orgulhosamente afirmam dizer? De novo, sua linhagem é reveladora da natureza de verdade. As Musas são filhas de Zeus, com *Mnemosyne* (Memória), ou seja, elas são a combinação do esplendor fulgurante de Zeus com a potente presença da negação do esquecimento, a Memória. É por essa filiação, por essa gênese, que as Musas têm por prerrogativa dizer a verdade ("*alethéa gerýsasthai*"), "dar a ouvir revelações", na opção do tradutor brasileiro.

Contrariamente a Esquecimento, Verdade inscreve-se assim no campo da luz, da palavra, da presença, da revelação de algo que poderia ser silenciado, esquecido, censurado, como mostra Marcel Detienne em seu instigante *Mestres da verdade na Grécia arcaica*. Nesse início da *Teogonia*, a interpelação que as Musas fazem a Hesíodo situa a palavra da qual o poeta é porta-voz, em uma "dialética de complementaridade antagônica" (na expressão de Jean-Pierre Vernant), a qual funda o ser — no horizonte do não-ser, do silêncio, do esquecimento —, como ser de (e determinado pela) palavra.

Em face desse poder da palavra mito-poética, não é de se estranhar que, na Grécia arcaica, essa palavra cantada tenha tido o poder de restaurar a saúde dos enfermos, na medida em que os punha em contato com as forças primevas e pulsantes da vida que estariam adormecidas ou esquecidas, arrancando-os da obscuridade mortífera do silêncio para inseri-los em linhagens, nos campos semânticos do que não pode ser esquecido, censurado, sob pena de engendrar — tal como o fez Discórdia, mãe de Esquecimento — dores, sofrimento, doença, lágrimas.

É em profunda solidariedade com esse poder da palavra que a psicanálise se funda como a *talking cure*, a cura pela palavra, como agudamente batizou-a uma paciente de Breuer, Anna O., cujo tratamento é comentado por Freud em vários de seus escritos. Tal como o poeta arcaico, o analisante dedica-se ao relato (uma das traduções possíveis de *mýthos*). Muitas vezes pleno de ficções, de fantasia, de *pseûdes*, o relato o leva a trazer à luz, a ver, a re-velar, sob a égide de Memória, ou do trabalho da rememoração, dimensões de sua verdade, de Verdade.

Encontramos um outro desdobramento possível deste trabalho do analisante, à luz da mito-poética Verdade, em um comentário de Lévi-Strauss, que diz que "os mitos despertam no homem pensamentos que lhe são desconhecidos". Se atentarmos para o fato de que só se pode despertar o que está adormecido, vemos surgir aí, associativamente, o campo do esquecimento, do silêncio. Assim sendo, esse "desconhecido" de que fala Lévi-Strauss pode ser visto como algo que já se conheceu, que já se inscreveu, e que está adormecido, esquecido no domínio do Olvido, da negatividade de Esquecimento. É essa dialética de um *saber que não se sabe*, característica do que chamamos de inconsciente, que pode vir a ocupar o lugar da Verdade, na ótica do discurso psicanalítico, especialmente em sua inflexão lacaniana.

Vemos, então, como a psicanálise sublinha e ecoa, bem mais tardiamente, que Memória e Verdade são inextricáveis, como, aliás, observou Detienne a respeito do idioma mítico grego, em conformidade aos mais rigorosos parâmetros dos estudos helenísticos.

Traços de Memória. A indelével presença de Memória, no mito e na análise, dá-se em uma dimensão que novamente atesta a íntima convivência dessa descoberta freudiana com a tradição mito-poética, qual seja, a dimensão da oralidade, fundamental à tradição grega, especialmente entre os séculos XII e IX antes da era cristã. Para uma sociedade sem escrita, esse trabalho de preservação do legado, da memória do que já foi inscrito e não pode ser apagado adquire importância vital. Não é por acaso que ainda podemos ouvir ecos dessa tradição e de sua importância, no filosófico século IV a.C., no *Fedro*, de Platão, onde Sócrates censura a escrita como nociva à memória.

O relato, a palavra mito-poética, somente pode dar-se em presença no aqui e agora. Se, por um lado, Memória é pura presença, e exige a presença de alguém que fale/cante e de alguém que ouça, por outro, seu olhar se volta para o passado, para o que foi, na visada do que será. "Pelas Musas comecemos, elas a Zeus pai / hineando alegram o grande espírito no Olimpo / dizendo o presente, o futuro e o passado...", dizem os versos 36-38 da *Teogonia*.

Temos aqui um alargamento do espectro do cantar das Musas e, em última instância, da Memória. Além de falar de presente e passado, elas também têm acesso ao invisível, ao devir, atributo marcante de outro desdobramento importante de Verdade, de revelação: a vidência. A palavra mito-poética constrói-se, então, no diapasão "do ser e do tempo", ou melhor, do ser no tempo, do que é, do que foi e do vir-a-ser. Na tensão entre o silêncio da morte, do esquecimento e a fulgurante presença da revelação, orienta-se a palavra das Musas em torno do ser e de seus contornos.

Na visão de Hesíodo, além de reiterar a confluência da atividade poética — orientada para o passado — com a do adivinho, cujo olhar revelador lança-se para o futuro, importa-nos aqui pôr em relevo *a imbricação dos três tempos* promovida pelas filhas de Memória. Sob sua égide, o passado pode transitar pelo presente, tornar-se presente; o futuro pode atualizar-se e reconfigurar o passado; e o presente projeta-se tanto no incognoscível devir quanto no passado cambiante.

Como igualmente ensina Hesíodo, Memória é também filha de Uranos (Céu), e Ghéia (Terra) e, portanto, irmã de Crónos, aquele que, pela castração do pai, separa o Céu e a Terra. Mais tardiamente, Crónos é confundido com Chrónos (Tempo). É dessa confusão que Memória se separa, se diferencia. Aliás, como Freud nos ajuda a ver, a memória é algo que se dá diferencialmente. É por esse traço diferencial em relação ao tempo, à cronologia, que Memória pode engendrar Musas, cantos, encantos que põem o tempo em movimento, descongelam o passado e fazem brotar o futuro, ligando o que aparece e o que desaparece, o que é e não-é.

Tanto a criação poética quanto o fantasiar são regidos por esses três tempos, conforme nos ensinou longinquamente Hesíodo e, posteriormente, Freud, em seu ensaio de 1908: "O poeta e o fantasiar" (traduzido de um modo problemático para o português como "Escritores criativos e devaneio"). Ao sublinhar a importância da relação da fantasia com o tempo, Freud situa-a como que pairando sobre os três tempos que existem nos processos ideacionais. O fio do desejo — e sua satisfação — tece esses tempos em três tipos de produção psíquica: a fantasia, a escrita criativa e o sonho, todos alimentados por experiências pregressas, pelo que foi satisfatoriamente vivido, por exemplo, nos jogos infantis.

Temos aqui um importante aspecto da fantasia e da poesia sob a ótica mítica de Memória: o trabalho de criação é, ao mesmo tempo, um trabalho de re-criação. É nesse sentido, então, que podemos fazer confluir as figuras do cantor arcaico e do analisante moderno, ambos seguidores e praticantes dos ritos de Memória como encarnação figurada do que se inscreveu, sem escrita. O discurso mito-poético e a fala, o *mýthos*, do analisante são criações em que se recriam as relações fundamentais, e por isso indeléveis, do humano; em suma, são criações que buscam religar o homem a forças originais, vitais, a Eros.

"*Eros, doceamargo*". A complexidade de Eros revela-se de forma pungente quando atentamos para o fato de que ele atravessa vários períodos da produção literária grega, sendo objeto de atenção de diversos tipos de relatos míticos. Eros figura desde a poesia arcaica de Hesíodo; passando pelos poetas líricos, de maneira notável por Safo de Lesbos e Alceu de Mitilene; como também pela poesia trágica, com Sófocles; até chegar aos discursos filosóficos de Platão, onde no *Simpósio*, ou *Banquete*, o deus é por excelência o objeto do festivo debate de idéias.

Naquela que tem sido aqui nossa principal fonte de referência, a *Teogonia*, essa força primeva que é Eros figura logo no início dessa cosmogonia ou desse relato de origem do mundo. Assim nos conta Hesíodo, nos versos 116-122, na tradução de Joaquim Brasil Fontes:

> Primeiro que tudo surgiu o Caos, e depois Ghéia de amplo seio, para sempre firme alicerce de todas as coisas, e o brumoso Tártaro num recesso de terra longe dos caminhos, e Eros, o mais belo de todos entre os deuses imortais, que amolece os membros e, no peito de todos os deuses e de todos os homens, domina o espírito e a vontade ponderada.

Como o quarto na linhagem de deuses primordiais, e tal qual seus antecessores Caos, Terra (Ghéia) e Tártaro, Eros não é gerado por dois seres sexuados, como o serão as demais divindades, especialmente as olímpicas. Eros surge do vazio, de Caos, ou de sua própria potência geradora. Tais divindades geram a partir de si próprias, dando-se elas mesmas à luz. Dessa reflexividade resulta que do um geram-se dois, onde o um é marca do Todo, de plenitude, de abundância, da ausência de falta e privações, marca que se afasta do universo do humano, mas que, ao mesmo tempo, marca uma de suas maiores aspirações ou, em um vocabulário psicanalítico, uma de suas pulsões.

Esse Eros primevo em muito difere de outro, mais tardio e mais comumente conhecido como Eros, filho de Afrodite, e que, portanto, vem a um mundo, a um cosmos — lembrando que este termo, em grego, implica ordenação — que já se afastou do Caos, do vazio do primeiro Eros. A origem do segundo Eros dá notícia de divisões, de perdas, de relações que passam pela diferença sexual. Sua mãe, Afrodite (Aphrodíte), nasce dos testículos do pai, Uranos, atirados ao mar pelo filho Crónos (*áphros* é tanto espuma do mar quanto esperma). Filha da divisão, da castração, sua missão será atrair, aproximar, unir seres que estão igualmente marcados pela divisão, para que dois possam gerar um, que é três.

Podemos ver, nessa dualidade de Eros, traços de algo que será muito caro a Freud em sua construção da psicanálise: a dualidade pulsional. Dada a complexidade da teoria das pulsões, destacaremos aqui apenas alguns aspectos da relação dessa teorização que identificamos no pensamento mítico grego. O primeiro deles nos é dado pelo próprio Freud, na conferência XXXII das *Novas conferências introdutórias à psicanálise* (1933), quando diz que "a teoria das pulsões é nossa mitologia" e que as pulsões "são entidades míticas, magníficas em sua indeterminação".

Freud começa a cercar essa indeterminação desde os primórdios de sua elaboração e, já em 1905, nos *Três ensaios sobre a sexualidade*, indica a íntima relação das pulsões com a sexualidade. Esse princípio energético, que ocupa a zona fronteiriça entre o somático e o psíquico, é inicialmente pensado em termos de uma primeira dualidade: as pulsões sexuais, de preservação da espécie; e as pulsões do ego, ou de autopreservação. Mais tarde, em seu ensaio "Sobre o narcisismo: uma introdução" (1914), essa dualidade é diluída por Freud sob o argumento de que o ego toma-se por objeto amoroso, em alguns casos, fazendo com que a pulsão do ego se transforme em pulsão sexual e vice-versa.

Tal concepção é objeto de revisões e reelaborações e, em 1920, em *Mais-além do princípio de prazer*, a dualidade pulsional é retomada, e assim permanece até o final da obra de Freud, sob a ótica de dois princípios basais: o das pulsões sexuais e o das pulsões de destruição. A esses dois princípios Freud vai chamar, respectivamente, de Eros e Tânatos. Remontando ao primeiro Eros, podemos encontrar as principais características que Freud atribuiu à última modalidade de dualismo pulsional. Antes de o olharmos mais de perto, vejamos o segundo Eros.

Este, enquanto filho e servidor de Afrodite, partilha da função dela — a de aglutinar a multiplicidade de indivíduos;

ou melhor, ele visa a unir os fragmentos dispersos, não de indivíduos (não-divididos), mas de seres divisos, castrados, como o fora o pai de Afrodite. As ações do jovem Eros, portanto, pressupõem que haja falta, incompletude, para haver atração, desejo (que, em grego, chama-se também, e não gratuitamente, *Eros*). Temos essa idéia reiterada no *Banquete*, de Platão, ao situar a genealogia de Eros como filho de Penia, da Pobreza. O filósofo sublinha uma dimensão do amor que mais tarde, a psicanálise vai ecoar tanto com Freud quanto com Lacan, a dimensão narcísica, na medida em que, na relação amorosa, um busca no outro amado justamente o que lhe falta.

O primeiro Eros, por sua vez, mais do que evocar, parece encarnar uma "nostalgia por uma unidade perdida", na expressão de J.-P. Vernant. Sua autogênese é indicativa desse mo(vi)mento na medida em que nos revela traços que serão mais tarde (c. séc. VI a.C.) explicitados pelo Eros órfico: ele é macho e fêmea ao mesmo tempo, com dois pares de olhos que podem olhar em todas as direções, além de muitas cabeças. Sendo Todo, tal Eros busca voltar à completude do Todo, busca a supressão de toda falta ou penúria, o retorno a um estado de satisfação plena. A esse tipo de movimento Freud caracterizou como retorno ao estado inanimado, como supressão de qualquer nível de tensão ou como estado de Nirvana. E é justamente ele que está na visada da pulsão de morte, de Tânatos (*Thánatos*, morte em grego), como Freud também vai nomeá-la.

A ausência de Tânatos, enquanto divindade, na mitologia grega é mais um indício para o argumento que tenho sugerido aqui, de que Eros, em sua duplicidade na tradição mítico-grega, antecipa e recobre o dualismo pulsional que Freud postulará mais tarde. Como Safo de Lesbos sabiamente caracterizou-o, no fragmento 19: "Eros é doceamargo." Em outras palavras, Eros é duplo, é aquele que engendra e desfaz, é o "tecelão de mitos", o *mythóplokos*, que, com sua astúcia, tece redes de sedução, de enganos; como também, em última instância, dá nome a essa outra força primordial que nos leva a buscar Nirvana.

Talvez seja por isso que Sófocles, em sua *Antígona*, o tenha descrito como "Eros invencível na batalha ... Nenhum dos imortais te pode escapar, nem tampouco os mortais, e aquele que te possui é louco". Na visão trágica de Sófocles, Eros, aquele que ao mesmo tempo repousa "sobre o rosto de uma donzela", "promove a discórdia entre aqueles do mesmo sangue". Sobretudo, como imortal, Eros sobrepõe-se aos próprios imortais, é uma força que nem os não-mortais (os que *negam* a mortalidade) podem subjugar, aniquilar, matar.

Sob a aguda ótica trágica, podemos retomar o dualismo pulsional de Freud não mais em termos de "vida x morte", mas de *vidamorte*, e ressoar o Freud de *Mais-além do princípio de prazer*. Há aí, fundamentalmente, *um* movimento pulsional por excelência, que busca a repetição de uma experiência primordial de satisfação. Isto é a primazia da pulsão de morte em sua complexidade dialética. Como encena a trágica figura de Antígona, e a psicanálise mais tarde reafirma, a reedição dessa satisfação total está paradoxalmente fadada ao fracasso, uma vez que seu objeto é desde sempre perdido. É por isso que, quando falamos em pulsão, não podemos perder de vista sua dimensão *parcial.*

O paradoxo, figura por excelência do inconsciente, figura uma vez mais no pensamento mítico grego, que Heráclito expressou tão bem no fragmento 51: "Eles não compreendem como o que está em desacordo concorda consigo mesmo: há uma conexão de tensões opostas, como no caso do arco e da lira", na generosa tradução de J. Brasil Fontes.

Espelhos espetaculares. Ao indicarmos acima alguns aspectos referentes à teoria das pulsões em Freud, usamos o termo narcisismo, ou equivalente, cuja herança mítica ele próprio reconhece. Um exemplo disso está na conferência XXXII das *Novas conferências introdutórias...*, em que denomina o enamoramento do ego por si mesmo de "narcisismo", termo reconhecido como "tomado de empréstimo do mito grego".

Narciso imiscuindo-se no domínio de Eros é algo que não é novidade para a psicanálise, nem, tampouco, uma novidade dela. Como mostrou J.-P. Vernant, em seu "Un, deux, trois... Eros", o universo mítico de Eros está imerso no universo de duas outras figuras míticas importantes: Narciso e Dioniso. Vamos contemplar por agora o primeiro e deixar Dioniso para o segundo momento dessa reflexão.

Uma bela ninfa, Eco, costumava entreter com belas histórias a Hera, a ciumenta esposa de Zeus, para que este pudesse se dedicar a suas infidelidades. Ao descobrir o ardil, Hera inflige a Eco a punição de jamais poder enunciar uma fala própria e somente repetir o que fosse dito por outros.

Mais tarde a ninfa enamora-se do belo Narciso, quem, por sua vez, a rechaça. Desprezada, Eco escolhe uma montanha como seu leito de morte, de onde ouvem-se, desde então, seus ecos.

Indignada, Afrodite intervém e pune Narciso com a maldição de que "possa ele próprio amar, sem jamais possuir o objeto amado", como nos conta Ovídio (43 a.C.-18 d.C.) em *Metamorfoses*, a mais importante fonte deste mito. O jovem Narciso dirige-se então a um plácido lago, de águas cristalinas, que nenhum animal ou pastor jamais turvava, e, na busca de saciar sua sede, surge-lhe uma outra sede: "o olhar da bela forma que ele vê." O jogo de engano no qual Narciso se enreda é resumido por Ovídio: "Ele ama uma esperança sem substância e crê que é substância o que é somente sombra."

Podemos também ver esse jogo sob a ótica do mesmo e do outro, do paradoxo que preside à pulsão de Eros: na busca do outro, busca-se o que falta a si mesmo, busca-se a reparação ou ortopedia da falta e, em última instância, a perfeição do Todo. O que o mito erótico de Narciso sublinha, em cores trágicas, é que essa busca pela completude passa necessariamente pelo outro, mas por um outro não mais tomado como tal, mas reduzido à imagem de si, a um reflexo. É com esse reflexo, com essa "sombra tomada como substância", que Narciso se identifica e na qual se perde de forma trágica. Ao invés do jogo amoroso da reciprocidade, Narciso põe cruamente em jogo a lógica da reflexividade, da confluência sobre si de sujeito e objeto, encerrando-se em uma circularidade mortífera.

Além da circularidade do movimento pulsional que o mito de Narciso configura, a psicanálise irá encontrar aí uma rica fonte para suas teorizações acerca da identidade e das identificações. Lacan retoma o drama do espelho de Narciso em um ensaio bastante conhecido: "O estádio do espelho como formador da função do eu", publicado nos *Escritos*. A criança (*l'infans*) é capturada pela imagem completa e totalizante de seu corpo, fragmentário e sem coordenação, que se forma no espelho. A imagem especular precipita-o de um estado de prematuração motriz, inerente à espécie humana, como lembrou Freud, ao regozijo de uma imagem que justamente vai conformar esse corpo despedaçado em uma ilusória totalidade.

Paralelamente ao júbilo que essa imagem especular provoca, permanece, tal como para Narciso, o hiato entre ela e o sujeito: ao mesmo tempo em que ela sou eu, ela é outro que não eu. Para estabilizar esse pequeno júbilo delirante, há a presença de um terceiro termo, de um grande Outro (na expressão de Lacan), diverso desse pequeno outro identificatório da imagem, que pode aquiescer ou negar a exclamação de Narciso ao se reconhecer: "*Iste ego sum.*" (Este sou eu.) Dito de outra forma, subjacente a essa imago idealmente completa, há uma tensão paranóica em relação ao que esse Outro pode fazer: reconhecer o reconhecimento ou negá-lo, afirmar o sujeito ou negá-lo. Esse drama, cuja dimensão de ficção, de metáfora, não nos deve passar desapercebida, adquire o status de uma matriz na estruturação subjetiva e irá presidir às relações do sujeito com o mundo.

O espelho de Narciso mapeia todo um campo visual onde se constroem e destroem imagens, identidades — ou melhor, identificações —, relações amorosas e revela, como em um baixo-relevo, um outro registro subjacente a esse cenário imaginário. Ama-se a si próprio através do outro e assim se confunde a reciprocidade do amar e ser amado, da voz ativa e passiva, tão cara, por exemplo, à tradição cristã. Uma confusão de vozes verbais que pode ser vista pela ótica de uma voz marcante da língua grega, a voz média, de valor reflexivo, cuja importância para a gramática da psicanálise foi ressaltada tanto por Freud quanto por Lacan no que concerne às vias e aos desvios da pulsão.

Ao recusar todos os jovens (homens e mulheres) que por ele se apaixonaram, notadamente Eco, Narciso desmonta o campo visual fundante do amor, a reciprocidade do ver e ser visto. E, na reflexividade do *fazer-se ver*, nos leva a perceber um campo que a psicanálise mais tarde nomeará por pulsão escópica. Na sua aguda percepção de poeta, Ovídio nos mostra como Narciso é capturado por um olhar que o fascina. Esse olhar é o que a psicanálise vai destacar, posteriormente, como o objeto dessa pulsão que se caracteriza pelo fato de o sujeito poder se ver, tal como um flecha atirada que retorna para o sujeito, conforme pontuou Lacan. Daí a inquietante estranheza que o duplo Narciso espetacularmente suscita: um olho perfurado por um evanescente olhar. O insuportável desse (des)encontro leva à morte de Narciso, ficando, de resto, seu "adeus", melancolicamente repetido por Eco.

Dessa fortuita conjugação dos mitos de Eco e de Narciso, que se atribui a Ovídio, podemos identificar paralelismos importantes para nossa reflexão: se, por um lado,

Narciso e seu duplo põem em relevo a dimensão visual, Eco, como dublê da palavra do outro, tem por foco a dimensão sonora — a dimensão de uma voz que se quer fazer ouvir, conforme Lacan definiu uma outra modalidade pulsional, a pulsão invocante.

Enamorada de Narciso, Eco não consegue mais do que repetir as palavras do amado. Ele se afasta com veemência dessas palavras, acreditando estar se afastando daquela que o ama. Isso nos permite dizer que Narciso foge da duplicação verbal para cair em um outro (mesmo) equívoco: o enamoramento de seu duplo visual. Com isso Ovídio configura um sutil jogo de ilusão-realidade, de engano (*psêudos*) e verdade (*alétheia*), tão próprio às Musas, à ficção, como já vimos, e que tem na figura do deus Dioniso sua mais engenhosa encarnação. Não é à toa que a estória dessa divindade precede ao episódio de Narciso nas *Metamorfoses*, como também é Dioniso o deus das artes da cena, que têm na dialética de ilusão-realidade, de presença e ausência, sua principal característica. Será Dioniso que dará início à reflexão que faremos a seguir sobre a presença do mito na psicanálise.

O mito na psicanálise

O que isso tem a ver com Dioniso? Um provérbio da teatral Atenas do V século a.C. tem inspirado muitos comentários e debates sobre seus possíveis sentidos e aplicações: "Isso nada tem a ver com Dioniso." Alguns comentadores apontam que esse dito significava uma intensa desaprovação pelo que era apresentado à platéia; outros sugerem aí uma aguda ironia contra as mudanças levadas a efeito nas representações teatrais, vistas como se afastando, em muito, dos mitos sobre o deus Dioniso.

Podemos ecoar o provérbio ateniense, retirando-lhe seu caráter de crítica ou censura, e perguntar, primeiramente: "O que isso tem a ver com Dioniso?". Divindade complexa, múltipla, contraditória, Dioniso recebe, em Atenas, manifestações díspares como a tragédia, o drama satírico e a comédia, além dos cantos de ditirambo, isto é, cantos corais em seu louvor. Teatral por excelência, essa divindade encarna um jogo dialético que nos interessa de perto: ele é grego e estrangeiro, arcaico e novo, civilizado e selvagem, masculino e feminino, introduzindo o extático na previsibilidade cotidiana, como nos mostra Eurípides em *As Bacantes* (c. 405 a.C.), sua última tragédia. Em suma, na máscara teatral que vela e desvela, Dioniso pode ser visto como a figuração de uma tensão que está no cerne do pensamento grego e que é basal à psicanálise — a relação entre o mesmo e o outro, entre o estranho e o familiar, entre o que é recalcado e o que se mostra.

Em face desses atributos, podemos voltar ao provérbio ateniense e, atentando para o movimento quiásmico que temos seguido aqui, inverter os termos da pergunta "O que tem Dioniso a ver com isso?", ou seja, com a psicanálise? Os provérbios, tanto na ótica da psicanálise quanto da etimologia, dizem respeito a uma palavra, a um discurso que vem de outro. Podemos situar Dioniso em uma posição análoga à do provérbio na medida em que o deus também traz um discurso que vem do outro. A fim de revelar a si e aos outros, ele irrompe na Tebas civilizada e racional, arrebatando-a de sua "mesmice" com sua estranheza, com as várias peças que prega e encena, em um jogo delirante entre ficção e realidade.

Essa divindade que encarna a figura do Outro no panteão grego, conforme demonstra J.-P. Vernant em *A morte nos olhos*, traz sua paradoxal potência também para a psicanálise. Proponho que tomemos Dioniso, especificamente uma de suas manifestações — a tragédia — em seu matiz proverbial, ou seja, como um discurso do Outro no que concerne às elaborações de Freud e de seus seguidores. Nesse sentido, é importante frisar que o discurso do Outro é justamente uma das mais contundentes definições de Lacan acerca do que constitui o cerne da disciplina freudiana: o inconsciente.

Para pensarmos "o que Dioniso tem a ver com a psicanálise", vamos focalizar uma das manifestações dionisíacas que tanto atraiu e tem atraído os psicanalistas: *Édipo Rei*, de Sófocles, apresentada no festival em louvor a Dioniso (As Grandes Dionisíacas), por volta de 430 a.C. Desde já sublinhamos que Freud encontra em *Édipo Rei* uma rica fonte para a elaboração da teoria psicanalítica, fonte que vai além do complexo de Édipo e diz respeito à própria fundação do discurso analítico, como veremos a seguir.

A presença desse mito na psicanálise, especialmente *Édipo Rei*, mas também *Édipo em Colono*, deve ser vista sob a ótica de uma via de mão dupla, como uma contaminação mútua entre mito e psicanálise, a qual tem levado alguns estudiosos a ver a psicanálise como uma mitologia moderna. Por um lado, temos, inegavelmente, os traços que Édipo imprime na psicanálise — o mais notável deles sendo o complexo de Édipo.

Essa entrada marcante provoca um movimento de retorno, uma retroação: a psicanálise, especialmente depois de Freud, também imprime traços nesse mito, na medida em que ela incide nessa dimensão do mito como um conjunto indissociável de um dado relato e de suas leituras ao longo da tradição, conforme apontamos na primeira seção. Em outras palavras, o discurso da psicanálise sobre o complexo de Édipo também integra o mito de Édipo, como, aliás, mostrou Lévi-Strauss em seu clássico ensaio "A estrutura dos mitos". Portanto, um movimento de vai-e-vem irá guiar nosso olhar sobre o mito na psicanálise, orientando-o por alguns princípios e conceitos advindos das teorizações de Freud e Lacan.

Ao privilegiar traços da trágica trajetória de Édipo, estamos ressaltando dois aspectos importantes em consonância com esses princípios. O primeiro diz respeito ao fato de que tomamos em conta a dimensão do *dizer*, da *enunciação*, e não apenas do que é dito, do(s) significado(s) do texto de Sófocles. O segundo ponto refere-se a uma postulação central à nossa reflexão, adiantada acima — a de que *Édipo Rei* deixa impressos na psicanálise traços muito mais amplos do que nos faria supor o "batismo" do complexo de Édipo.

Diferentemente de Dioniso, que buscava o reconhecimento de Tebas, acredito que, no diálogo da psicanálise com essa manifestação dionisíaca chamada tragédia, estejamos além do reconhecimento, da pura especularidade e da captura imagética e imaginária da lógica do semelhante, que dilui a opacidade do Outro na reiteração do mesmo. Mesmo que a busca de espelhamento seja inevitável, é provocador termos no horizonte o episódio do primeiro Dioniso e o espelho: enquanto maravilhava-se com sua imagem em um espelho, o deus foi capturado e despedaçado pelos Titãs... São estilhaços, traços, restos que irão informar nossa leitura sobre algumas formas do mito na psicanálise, leitura essa fundada no princípio anunciado pelo provérbio: o isso (o id) tem tudo a ver com Dioniso. Tanto o isso quanto a divindade são forças desconhecidas que nos habitam e nos arrebatam, conforme nos apontou Freud a respeito do isso em "O ego (eu) e o id (isso)", de 1923.

Traços em Freud. Ernest Jones, psicanalista inglês e biógrafo de Freud, nos conta que, por ocasião do cinqüentenário do mestre vienense, foi-lhe mandado cunhar uma medalha contendo, de um lado, seu retrato em baixo-relevo e, do outro, um desenho grego de Édipo e a Esfinge, contornado pelos versos finais do coro em *Édipo Rei*: "Aquele que decifrou o famoso enigma e foi um homem muito poderoso." Muito comovido, Freud mais tarde confessou a Jones que, na juventude, acalentava o sonho de ter um busto seu na Universidade de Viena, trazendo como inscrição os mesmos versos de Sófocles.

Por esse episódio podemos ver como são múltiplas as formas de relação de Freud com a lendária personagem de Sófocles — e é essa versão do mito que é referência para ele e para a psicanálise. Vamos tomar aqui a figura de Édipo e a Esfinge como emblemática dessa relação. A posição do criador da psicanálise aproxima-se da de Édipo, não na perspectiva de uma leitura ligeira e "aplicada" do ensinamento psicanalítico, qual seja, a de Freud e seu "complexo de Édipo". Vamos nos afastar desta e privilegiar uma posição discursiva, onde o foco recai não somente sobre o que é dito, mas sobre posições, sobre lugares de enunciação ocupados pelos sujeitos. Como temos insistido desde o início, não se trata apenas do *quê* é dito, mas de *como* se diz algo e a partir de que lugar. Nesse sentido, Freud ocupa uma posição solidária à de Édipo face aos enigmas do psiquismo, tendo buscado, por mais de quatro décadas, respostas a esses enigmas.

"Qual o ser que é ao mesmo tempo bípede, trípode e quadrúpede?", pergunta a temida Esfinge a Édipo. "*Ánthropos*", o ser humano, contesta triunfante o famoso decifrador de enigmas, em uma única palavra. Diferentemente de Édipo e, talvez, por ter aprendido com ele, Freud toma o tempo de uma vida e centenas de milhares de palavras na tentativa de desdobrar os inúmeros contornos que compõem o enigma e sua resposta, aparentemente singela. Se, para Édipo, "*ánthropos*" é de-finitivo, isto é, marca um fim, um limite — inclusive da própria Esfinge, que se atira num precipício após o desvelamento —, para Freud ele será o ponto de partida. O que constitui esse *ánthropos*? É em torno dessa pergunta que parece gravitar a exploração freudiana, e é também essa pergunta que nos servirá de báscula para trilharmos algumas das vias de entrada do mito (de Édipo) na psicanálise.

Saberes. Édipo Rei, reconhecidamente, põe em cena uma das mais vigorosas — e trágicas — discussões acerca da questão do saber, como antecipa o próprio nome de Édipo: *Oidípous* tem, como prefixo, o verbo *oîda*, que significa saber, conhecer. Este renomado conhecedor de segredos tão obscuros como o da Esfinge, o que conhece o humano em suas diferentes temporalidades, paradoxalmente desconhece sua *arché*, sua origem, seu fundamento. Ou melhor, Édipo conhece sua origem de maneira equivocada, dado que ele se crê filho de Pólibo e Mérope. Não se trata, portanto, simplesmente de conhecer e desconhecer, mas de *méconnaître*, de conhecer tortuosamente, como diz o verbo francês. Édipo encarna essa dialética de saberes, que o sábio Tirésias, por exemplo, sublinha quando censura Édipo por este lhe fazer acusações sobre seu caráter, e ele desconhece a si próprio: "[acusas], sem ter visto o que é teu e vive contigo."

Édipo desconhece, *méconnaît*, sua história, ao mesmo tempo em que a põe em cena. Essa é uma vertente importante da questão do saber inconsciente para a psicanálise: é justamente essa dimensão de uma história censurada, esquecida, recalcada, excluída da consciência do sujeito, mas que, todavia, é determinante de seus atos que dá contornos característicos ao que chamamos de inconsciente.

"*Isso existe!*" Um Édipo que sabe e outro que não, Édipo e seu duplo, vivendo juntos, enigmaticamente ao mesmo tempo, dramatizam uma outra questão que Freud irá mais tarde teorizar. Em sua carta ao escritor Romain Rolland, em homenagem a seu aniversário de 70 anos, publicada com o nome de "Um distúrbio de memória na Acrópole", em 1936, Freud analisa uma experiência perturbadora que viveu muito antes, em 1904, durante uma visita a Atenas com seu irmão mais novo. Além do entrelaçamento de memória e verdade, temos nesse ensaio traços do fenômeno do duplo e de sua ligação com conteúdos edípicos inconscientes. Vamos, por enquanto, nos deter no primeiro.

O agudo sentido analítico de Freud faz com que ele se reconheça vendo a Acrópole pela primeira vez e surpreendendo-se com sua reação: "Então, isso de fato existe, como aprendi na escola!". Trinta e dois anos mais tarde, justamente nessa correspondência celebratória, ele pôde dar-se conta da estranha experiência. Tal como em Édipo, há dois registros de saber em questão: um conhece muito bem o que foi a Antigüidade clássica, Atenas e a Acrópole, sendo um conhecimento da ordem do racional, do intelectual. O outro irrompe inesperadamente, a despeito de sua vontade e deliberação, mostrando que a realidade do que era tão conhecido estava ela mesma posta em questão. Um se surpreende com o outro, confessa Freud, e dessa experiência com o fenômeno do duplo, uma noção cara às elaborações freudianas, ele identifica traços fundantes do psiquismo: "Isso de fato existe" dá notícia da existência de um saber que não se sabe, de um saber inconsciente que irrompe na consciência, desestabilizando o eu em sua crença numa consciência autotransparente e idêntica a si mesma. O "isso existe" de Freud pode ser lido em sua ressonância analítica: o (id) isso existe, o que equivale a dizer que o isso fala para além do dito, do sentido consciente.

Ao se inteirar dos males que afligem Tebas, e das recomendações do oráculo para que o assassino de Laio seja punido, Édipo se lança na mais inabalável e obsedante empreitada no sentido de desvelar o criminoso e, assim, remover a mácula que polui a cidade. Essa busca por saber quem é o assassino — que faz com que *Édipo Rei* seja considerada a primeira *detective story* da literatura ocidental —, é a dimensão mais palpável de uma outra busca de Édipo sobre a verdade que, no início da peça, Tirésias diz nutrir, mas que, como ele próprio também indica, será revelada, ainda que "velada pelo silêncio".

Tal revelação, porém, não é da ordem de uma epifania religiosa, de uma revelação total; haverá sempre algo que não poderá ser dito, como indica o dramático gesto de Édipo ao cegar-se. Trata-se, então, de um velar e desvelar, ao mesmo tempo, trata-se de uma (re)velação. Em um vocabulário psicanalítico, podemos dizer que a verdade desse sujeito que não sabe que sabe vai se dizer, ou melhor, se semi-dizer, dentro e a despeito dos muros de silêncio erguidos pela própria linguagem.

A busca da verdade, marcada pelo jogo dionisíaco do velar e desvelar, tem fecundas ressonâncias na postura de Freud ao longo de toda a sua obra. A atração pelos versos de Sófocles já nos dá uma pista sobre a posição ética de

Freud; porém, a publicação da pedra fundamental da psicanálise, *A interpretação dos sonhos*, nos fornece um indício ainda mais eloqüente. O frontispício do livro traz, com uma força oracular, a invocação do verso de Virgílio na *Eneida*: "*Flectere si nequeo superos, Acheronta movebo*" ("Se não posso atingir os deuses superiores, moverei o Aqueronta"). No vocabulário mítico, o Aqueronta designa o rio do mundo subterrâneo e, por extensão, esse mundo. Através do discurso de um outro, de Virgílio, Freud afirma seu compromisso com a fundação e sustentação do discurso do Outro, ainda que isto custe, ou implique, revirar o mundo. Tanto o remover mundos quanto a força que o acompanha põem o fundador da psicanálise lado a lado com Édipo, este o duplo do primeiro, antecipando-lhe vários caminhos.

Questões de método. A busca de Édipo pela verdade, no sentido que vimos na primeira seção deste livro é inextricável dos caminhos que são percorridos e que somos levados a percorrer. *Hódos*, em grego, significa caminho, de onde pode-se derivar *méthodos*, que se refere à busca de algo, especialmente de saber, de conhecimento, significando também a maneira pela qual essa busca é conduzida.

Atendendo aos apelos do coro por ajuda, Édipo reafirma sua determinação em curar a cidade de seu sofrimento; afinal, ele já foi antes seu salvador. Essa afirmação é acompanhada de uma instigante afirmação de posição: ele se declara um estranho (*xénos*) a toda essa história (*lógou*) e aos atos (*praxthéntos*). Assim sendo, para perseguir essa *trilha*, ele necessitará estabelecer um vínculo com o coro, o qual ele designa, significativamente, como *sýmbolon*. Vamos desdobrar algumas partes dessa posição.

O qualificativo "estranho, estrangeiro" que Édipo se atribui é sem dúvida paradoxal, uma vez que nós, leitores e espectadores, sabemos ser ele um filho nobre de Tebas e, sobretudo, nada estranho ou alheio a esses fatos e ações. Este paradoxo faz ressoar a lógica que marca o discurso trágico em geral e que encontra nesta tragédia uma de suas mais agudas manifestações. Édipo é, ao mesmo tempo, um estranho em Tebas e filho de sua mais nobre família; um duplo que encarna o estranho e o familiar.

Esses são atributos que Freud, novamente sob a inspiração da literatura, usará para caracterizar um fenômeno do funcionamento psíquico: o duplo. No ensaio dedicado a este tema, "O Estranho" (1919), Freud cita Schelling, afirmando que "estranho [*Unheimliche*] é o nome dado ao que deveria ter permanecido secreto e escondido, mas que veio à luz". Algo que há muito é familiar e se manifesta como estranho, desconhecido; esse é um dos estatutos fundamentais de Édipo, e que a ele caberá reconhecer. Por que métodos, por que caminhos, é a via por onde se desenvolverá a peça.

Édipo pede ao coro símbolos, indícios, sinais parciais, até mesmo sintomas (todos traduções possíveis de *sýmbolon*) para que ele possa seguir a trilha da investigação, do conhecimento, em princípio, do assassino de Laio. E aqui perfila-se mais uma dimensão do duplo em Édipo: ele é o investigador e o investigado, o juiz e o réu. Face a um novo enigma, Édipo pede indícios, pistas que possibilitem decifrá-lo, interpretá-lo. No jogo paradoxal que estrutura a peça, o enigma sobre o assassino torna-se um símbolo, um sintoma de um outro enigma que se apresenta para Édipo: ele próprio, sua linhagem, origem. Tal método de trabalho teve particular ressonância no desenvolvimento do método psicanalítico, como o próprio Freud indica na *Interpretação dos sonhos* ao assumir — e este é um verbo importante em psicanálise — que o processo de revelação, dramatizado em *Édipo Rei*, é semelhante ao trabalho de uma análise.

No ensaio "O Moisés de Michelangelo", de 1914, Freud faz referência à técnica desenvolvida por um médico italiano do século XIX, Morelli, utilizada para o estabelecimento da autoria de quadros. De acordo com a síntese de Freud, a técnica de Morelli consistia em pôr em relevo as minúcias, os detalhes (tais como unhas dos dedos, o lóbulo da orelha), em vez de voltar a atenção para as características e impressões gerais das obras. O próprio Freud faz uma analogia com o método psicanalítico que também se marca pela atenção aos detalhes, deslizes de linguagem, jogos de palavras, atos falhos, a "trivialidades" como sonhos e fantasias, a isso que Lacan designou como "formações do inconsciente". Os caminhos de Édipo e os da psicanálise se encontram nos tecidos da linguagem e, especialmente, na atenção dada por ambos a essa tessitura.

Tramas da linguagem. A linguagem e seus enigmas, no centro da qual está o *ánthropos*, talvez seja o principal caminho aberto por Édipo para a fundação da psicanálise, conforme nos conta Sófocles. Como exemplificação das artimanhas da linguagem, basta tomarmos o título da peça: *Édipo Rei* é a tradução de *Oidipous Týrannos*. Há na língua grega dois substantivos para rei: *basileús* e *týrannos*. O primeiro diz respeito a quem é rei pela linhagem; o segundo, a quem o é por indicação, por mérito, ou por usurpação. Édipo é um *basileús* que se acredita *týrannos*. Quando o *basileús* se sabe *basileús*, ele se torna o mais infeliz dos homens, a encarnação da mácula, que ele tão ferrenhamente tentou purificar. Sob essa ótica, podemos traçar o desenvolvimento da peça no sentido de deslindar esse enigma, de desfazer esse jogo de equívocos montado pela linguagem.

Ainda no título, outro jogo de palavras. Vimos que o nome de Édipo contém, como prefixo, uma forma verbal (*oîda*) que se traduz por saber, conhecer. Resta o substantivo *pous*, que se refere a pés, e que vincula intrinsecamente Édipo à Esfinge. Seu enigma, em grego, traz o nome e a linhagem do herói: "Qual é o ser que ao mesmo tempo é *dípous, trípous, tétrapous?*". Ecoando o significante *pous*, Édipo conflui os prefixos *di*, *tri* e *tetra* no *ánthropos*, como demonstrei, de maneira detalhada, no artigo "Entre *tyche* e *autômaton*: o próprio nome de Édipo". Ou seja, nessa resposta aparentemente rápida e certeira, Édipo erra tragicamente, acertando. Ele erra ao não se reconhecer na própria palavra que pronuncia, ao não se reconhecer no âmago do *ánthropos*. Ou ainda, ele decifra o enigma, em um plano de leitura e, paradoxalmente, coloca-se ele próprio nesse lugar. Trata-se, como já dissemos, de posições discursivas, de enunciação, e não somente de enunciado. Mais do que decifrar as tramas da linguagem, *Édipo Rei* nos mostra como o *ánthropos* é cifrado por ela. De fato, essa peça ensina, e muito, sobre os caminhos e princípios que mais tarde Freud privilegiará como inerentes ao método psicanalítico.

Citando o poeta alemão Henrich Heine, Freud nos apresenta um jogo de linguagem bastante ilustrativo dessa herança. Ele menciona uma personagem do poeta; o pobre agente de loteria Hirsch-Hyacinth, que, ao tentar se vangloriar de sua relação bastante próxima com o Barão de Rothschild, diz que este o tratou de uma forma muito "familionária". O que é aparentemente um erro de linguagem revela-se como um jogo de palavras, um chiste, que ilumina o funcionamento psíquico. Na importante obra *Os chistes e sua relação com o inconsciente*, de 1905, Freud desenvolve com uma clareza aguda as articulações entre linguagem e funcionamento psíquico esboçadas em *A interpretação dos sonhos* e nos faz ver que esse tipo de linguagem é revelador de algo que estava obscurecido ou recalcado. Após apresentar duas "traduções" do chiste, ou seja, desdobramentos seus que atentam somente para o significado, Freud alerta que, para se compreender essa forma de expressão deve-se atentar para a enunciação ou, em suas palavras, para as "técnicas verbais" aí em jogo, as quais têm íntima relação com a essência do chiste.

A leitura de Freud busca decifrar o processo que transforma em chiste um pensamento X, do tipo: "Rotschild me tratou como um igual, de maneira muito familiar — isto é, na medida em que um milionário pode tratar um inferior." O método por ele utilizado já nos é "familiar": um trabalho de decomposição de uma confluência de significantes que se *condensam* e se *deslocam* na formação de uma "estrutura composta". Esses dois termos em itálico já haviam sido utilizados por Freud na *Interpretação dos sonhos* como característicos da estrutura da linguagem onírica.

À luz da lingüística estrutural (posterior à descoberta freudiana), e com o intuito de demonstrar que "o inconsciente estrutura-se como uma linguagem", Lacan mais tarde vai renomear os processos de condensação e deslocamento em termos de dois eixos que estruturam o funcionamento lingüístico: o metafórico e o metonímico, respectivamente. A forma condensada, metafórica, de "familionária", se dá com base a um deslocamento metonímico: para que "familionária" possa surgir, o significante "familiar" é deslocado, dejetado, como aponta Lacan.

Entre *oidípous* e *ánthropos* temos um jogo similar. Se ouvirmos a resposta de Édipo (*ánthropos*), atentando não somente para seu significado, mas para sua forma condensada, que contém *pous*, vemos que *oidípous* foi o significante deslocado, recalcado e, como tal, o que irá inexoravelmente retornar: na busca do herói por sua história, por seu nome.

Faces da Esfinge. Figura que encarna o enigmático por excelência, a ponto de ser usada como sinônimo deste, a Esfinge, isto é, a Estranguladora, recebe variados nomes ao longo da peça de Sófocles: "cruel cantor" (v. 36); "o monstro cantor" (v. 391); "virgem profética, com garras curvadas [como as de um leão]" (vv. 1199-1200). Apenas uma única vez ela é nomeada como tal: "a Esfinge de intricado canto" (v. 130), sublinhando sua íntima associação com o enigma.

Essa multiplicidade de nomes encontra um importante paralelo no caráter multiforme dessa figura: corpo de leão (como aludido na citação de *Édipo Rei*), busto de mulher e asas de águia. Podemos ver essa polimorfia como indicial, como sintomática da natureza refratária da Esfinge a uma captura por um só significante. Ela é indicativa de que não há na linguagem um único significante — nome ou forma — que possa descrevê-la ou, melhor, circunscrevê-la a uma única dimensão significativa. Muitos nomes para uma só coisa: os nomes alertam para que talvez não se trate de uma única coisa. Em se tratando da Esfinge, estamos face a uma multiplicidade de referências, a uma força metafórica impactante, que atordoa até a linguagem.

Esta polimorfia, iconográfica e verbal, é corroborada espacialmente. A Esfinge está situada em uma posição limítrofe, às portas de Tebas, onde podemos ver uma alusão aos limites que demarcam o que pertence ao domínio do humano e do selvagem, do que pode ser dito e do que deve ficar de fora, interdito; em suma, uma alusão aos limites que perfazem o humano.

De fato, o que ela diz (o enigma) corrobora tal posição, na medida em que é um semi-dizer, um dizer que não diz tudo, mas indica, dá sinais, pistas. Nesse sentido, o dizer da Esfinge se aproxima de um atributo do oráculo, como nos apontou Heráclito: "O oráculo de Delfos não diz nem subtrai nada, apenas dá sinais [*semaínei*]." Este atributo nos permite aproximar, sob a ótica da psicanálise, o enigma e o oráculo do discurso do Outro. Algo que se diz, mas que também interdiz.

Também a psicanálise tem-se ocupado dos limites do dito, do interdito e do entredito, como estamos apontando neste livro. Nesse sentido, a Esfinge tem confrontado muitos analistas desde Freud, instigando-os, por sua força metafórica, a reflexões, avanços e reparos acerca do objeto e método psicanalíticos, ao mesmo tempo em que perfazendo leituras desse mito. Com base nesse cruzamento, e num vocabulário lacaniano, podemos situar a Esfinge entre o *simbólico* (ou seja, a dimensão do dito), e o *real* (o registro que se refere ao que não cabe na linguagem, como veremos a seguir).

É no corpo da Esfinge onde temos a mais pulsante expressão, ou en-carn(e)-ação, dessa confusão de categorias, dessa deformação que lhe conforma. O bestial toma corpo nas asas da águia e nas formas de leão que lhe compõem, onde não podemos deixar de indicar também um embaralhar de espaços, de lugares e formas de estar no mundo: um animal do ar e outro da terra, *ao mesmo tempo*, como o ser do enigma. Também, ao mesmo tempo e no mesmo lugar (no corpo), a Esfinge apresenta não somente características humanas, como, sobretudo, um humano já sexuado, mulher. Uma tal profusão de confusões, de paradoxos só poderia despertar um interesse ímpar a olhares psicanalíticos.

O corpo-esfinge. "Eu tenho grandes aflições por ter corpo, sem corpo que aflições teria?" Essa incisiva presença do corpo, como figura no *Tao Te King*, é ecoada por Lacan quando nos incita a nos maravilharmos mais por ele, no seminário *Mais, ainda*, de 1972-1973, cujo título em francês traz, em homofonia, a presença do corpo: *Encore*, homófono a *un corps* (um corpo) e a *en corps* (em corpo). De fato, o corpo é uma das esfinges da e para a psicanálise. Ou seja, algo sobre o qual ela tem muito a dizer, algo que está no domínio do (seu) *simbólico*; algo que lhe (nos) escapa completamente, que emudece mortificamente a palavra — essa é a dimensão *real* do corpo. A essas duas dimensões, acrescenta-se uma terceira, a *imaginária*, onde podemos construir imagens, idéias, ideais de beleza, de completude desse corpo, acreditar neles e tomá-los como espelhos onde identicamente nos refletimos, onde projetamos nossos ideais. Três registros, três modos de o corpo estar no mundo e na psicanálise, e que estão, atravessando os tempos e ao mesmo tempo, figurados e encarnados na Esfinge.

Em sua genialidade, Freud cria uma forma de contornar o real do corpo pelo simbólico quando postula o conceito de pulsão, conceito que ele próprio reconhece, conforme já vimos, como sendo "a nossa mitologia". Tal como a Esfinge, ele situa o pulsional numa zona fronteiriça, entre o somático e o psíquico. Ou seja, é a pulsão que anima o corpo, retendo desse animar sua etimologia latina, *anima*, alma, como uma das formas de acentuar que a psicanálise opera em bases muito distintas da separação corpo-alma, *soma-psyché*, que informa uma tradição de pensamento no Ocidente.

Esse corpo pulsional da psicanálise pulsa em direção a um *gozo*, que se caracteriza por um usufruir, de forma *ilimitada* e *imediata*, de um objeto que se crê fonte de uma satisfação plena e que, por isso mesmo, está desde sempre perdido. E também por isso, ele será objeto de um encontro sempre faltoso, que o sujeito tentará reeditar, retornar a esse ponto, pela via da *repetição*, como vimos na primeira seção.

Há uma importante dialética no status desse objeto, cuja pertença a uma temporalidade mítica deve ser sublinhada: ao mesmo tempo em que ele é interno, algo do sujeito na completude mítica de seu gozo, ele lhe é externo, estrangeiro, inalcançável, pesando sobre ele a implacável interdição. Esse objeto é chamado, em psicanálise, de a Coisa (do alemão *das Ding*), no qual pode-se ouvir a noção kantiana da Coisa em si (*Ding an sich*), que marca a experiência do possível. É a partir da relação com esse objeto, como desde sempre perdido e, portanto, como impossível, que serão orientadas todas as outras relações do sujeito com seus objetos.

É no campo da Coisa que podemos situar a Esfinge, cujo corpo polimorfo traz a marca de um gozo ilimitado, ferozmente mortífero, da pulsão de morte, como vimos anteriormente. Daí sua impossibilidade de habitar o simbólico da cidade, e a insuportável "monstruosidade" que lhe atribuiu o coro. Mas, como também mostrou Freud, o que faz o corpo pulsar, o faz de maneira errática, dado que sempre parcial. O gozo sexual, por exemplo, é indicativo, ou melhor, "performático", dessa incompletude, de que algo sempre falta.

O texto de Sófocles nos dá várias pistas sobre a dimensão dessa esfinge, desse enigma que é o corpo como instância gozosa. É importante ressaltar aqui que, ao pontuarmos diversas formas de gozo, estamos tratando de fraturar qualquer visão monolítica "do corpo", ao mesmo tempo em que pomos em relevo sua dimensão subjetiva. Não há corpo sem subjetividade, não há corpo desencarnado, como nos ensina o trágico percurso de Édipo a partir de sua resposta à Esfinge. Voltemos a esta.

Sua monstruosidade pode ser vista à luz de uma outra figura, possivelmente mais aterrorizante, da mitologia grega: Medusa. Alguns helenistas contemporâneos sublinham um traço importante de figuras míticas femininas — por exemplo, Balbo, além da própria Medusa —, qual seja, a confluência entre o rosto e o sexo. No deslocamento do sexo para o rosto temos a revelação de algo que deveria ter permanecido velado, o sexo feminino, e que, por essa dimensão de estranheza (do *Unheimliche* freudiano), é tributário do grotesco e do aterrorizante. Em sua leitura da facialidade de Medusa, desenvolvida no ensaio "A cabeça de Medusa", escrito em 1922 e publicado em 1940, Freud acrescenta uma dimensão importante para pensarmos o monstruoso, especialmente o da Esfinge.

O horror que Medusa provoca é a imagem do efeito que suscita a cara do sexo feminino, e o feminino de cara. Dito de outra forma, Medusa é moldada como encarnação do horror frente ao sexo feminino, de sua dimensão inapreensível, fugidia, misteriosa. A tal remontagem imaginária também se presta a Esfinge, não somente na peça de Sófocles, mas no imaginário ocidental *grosso modo*, como encarnação do horror frente ao mistério, ao indecifrável do sexo.

A confusão de categorias sexuais que promove a Esfinge é tecida cuidadosamente no texto de Sófocles. Após ter sido interpelada por duas vezes no masculino, ela é chamada de "virgem", ou seja, é sexualizada, ainda que fora do domínio da sexualidade civilizada, de onde estão excluídas as virgens. Tal operação de exclusão é corroborada pela animalização que acompanha a "virgindade" da Esfinge: ela é uma virgem com garras de leão. Esta con-fusão de masculino e feminino, de humano e animal, é emblemática da natureza do enigma a que Freud se devotou a deslindar.

Lições do corpo. Tal como a atenção do Édipo-investigador, que se volta para os *sintomas* que o coro poderia lhe dar, também a investigação freudiana será orientada por sintomas, por aqueles que as histéricas mostravam a Charcot, e que tanto ensinaram a Freud. É na escuta desses corpos que se paralisam, desfalecem, desses sujeitos contorcidos em dor que Freud começa a se dar conta de que há aí algo mais do que o método da hipnose (Charcot) ou da catarse (Breuer) poderiam dar conta de identificar, de elaborar, de decifrar. Freud suspeita que esses sintomas sejam como que inscrições que fazem parte de uma história, e que é essa história que deve ser retraçada, contada e ouvida, por uma outra via, através de um outro método, diverso daqueles propostos por seus antecessores.

A esse método, tratado por *talking cure*, Freud vai acrescentar a *associação livre*, cuja inspiração advém da observação de que a dimensão do que era dito por seus pacientes comportava aspectos antitéticos, muitas vezes expressos pela via do corpo. Isso não apenas indica que o nível da consciência é um aspecto bastante limitado da atividade psíquica, como, sobretudo, mostra que o inconsciente produz seu próprio dizer no corpo, nas ações, nos dizeres, nas fantasias e nos sonhos. Vemos aí também como mais uma vez a dicotomia corpo-alma dilui-se sob a ótica da psicanálise.

Na escuta da associação livre de seus pacientes, das minúcias — atos falhos, deslizes — de suas falas, Freud logo aprende que essa associação dá-se simultaneamente a um outro tipo de associação: uma ligação íntima, afetuosa, onde devemos ouvir a forte afetação do sujeito, que se dá entre paciente e analista. A essa relação Freud chamou de transferência, e situou-a no fundamento de seu dispositivo. Conceito de difícil formulação sintética, podemos provisoriamente detectar dois traços marcantes da transferência para Freud: o amor do paciente pelo analista e a colocação em ato, nessa relação, de conteúdos inconscientes.

Para que essa transposição, para que essa operação metafórica se dê, é necessário que o *eu* do analista esteja ausente e ocupe, para o analisante, uma posição x, isto é, de enigma, de modo a abrir caminhos para que este possa renunciar ao gozo mortífero da esfinge e ir ao encontro do enigma de sua história, de seu desejo. Tal posição receberá, em Lacan, o nome de grande Outro (A), um termo que possui outras acepções na teorização lacaniana, além do que já foi anteriormente indicado.

A importância basilar da transferência foi sublinhada por Freud e insistida por Lacan, em sua retomada do caminho, do método freudiano, que a situa como um de seus conceitos fundamentais, juntamente com o inconsciente, a pulsão e a repetição, os quais têm nos orientado aqui. É também sob a mirada da transferência que temos (re)construído algumas das vias de entrada do mito de Édipo no discurso da psicanálise. Ao destacar esse aspecto estamos apontando também para duas dimensões importantes da relação da psicanálise com o mito de Édipo. A primeira diz respeito à forte relação transferencial que Freud nutria com o mundo clássico, notadamente com o mito de Édipo. A segunda e mais importante questão refere-se ao fato de que essa moldura sofocliana do mito ocupa para a psicanálise uma posição de grande Outro na transferência e, como tal, possibilita a articulação de conteúdos dessa disciplina, assim como a presença do analista faz para o analisando.

Nessa posição de grande Outro, a tragédia de Sófocles tem instigado incontáveis tentativas de decifração, de elaboração, por parte de Freud e de tantos analistas que o seguem. De maneira destacada, esse Outro tem fornecido formas de representação (em termos freudianos), ou significantes (em termos lacanianos), preciosos e precisos, desde Freud, para a psicanálise fundar-se como discurso e para sua extensão. Aqui também estamos servindo-nos dos significantes desse Outro para pontuar como Freud serviu-se deles na construção de seu método e de como esse método está impregnado por eles. Podemos ver nessa repetição, nesse movimento de retorno da psicanálise para *Édipo Rei*, a reedição, muitas vezes, de um encontro fortuito, plenamente satisfatório.

Porém, a própria repetição nos indica que algo sempre falta nesse encontro, que ele é, pois, um (des)encontro.

Tanto a associação livre quanto a transferência são fortes indicativos, para Freud, de que o padecimento neurótico tem assento em uma base sexual. Diferentemente do que anuncia uma vulgata freudiana, essa base sexual não é um modelo arquetípico — isto é, monolítico — que explica, ou tampona, a própria sexualidade ao postular-lhe um poder explicativo magnânimo. O dito popular "Freud explica" incide nessa vulgata. A psicanálise não nasce como uma tentativa de explicar, de dar sentido a manifestações inconscientes; ela não é uma hermenêutica do inconsciente, como postulam críticos de Freud e até mesmo alguns que partilham de seus ensinamentos. Seu horizonte e caminhos são mais largos, como temos procurado mostrar aqui, onde se cruzam várias fontes e disciplinas na construção dessa ciência humana por excelência, tal qual Lacan a caracteriza.

Dissemos acima que a psicanálise não se reduz a uma teleologia do sentido, que ela não trabalha apenas na dimensão do significado, da busca do sentido. Provocativamente, e na esteira dos significantes de Édipo, podemos desfazer essa afirmação, levando o significante "sentido" a deslizar rumo a "direção", "caminhos". Um desses principais caminhos é o que leva a Édipo.

Uma vez posta a posição transferencial da psicanálise em relação ao mito de Édipo, este emerge com toda a sua potência metafórica. Édipo funciona para a psicanálise, especialmente para Freud, como uma metáfora que lhe permite articular conceitos, orientações, caminhos, como temos indicado até aqui. Mas é talvez na formulação do complexo de Édipo onde essa força metafórica se dê de maneira mais contundente.

Lacan nos indica, em *Televisão*, que o mito é algo que permite ver, de maneira ampliada, as operações da estrutura; é como se essa forma discursiva pusesse em primeiro plano o que estava ativo nos bastidores, comandando o espetáculo, embora imperceptível no nível da consciência. Já Lévi-Strauss, por sua vez, em sua *Antropologia estrutural*, aproxima o mito da ciência em termos de seus propósitos: ambos buscam dar conta da questão das origens, ainda que por vias bastante diversas, ou até opostas. Esses dois aspectos informam a entrada do mito de Édipo na psicanálise e, por isso, é importante não os perdermos de vista ao considerarmos o olhar de Freud sobre esse mito.

Édipo: significante fundador. Se a sexualidade está na etiologia das neuroses, ela o está de maneira sutil, polimorfa, diversa, como assinalamos acima, na moldagem e modulação que faz o humano. Uma das características mais marcantes da sexualidade humana reside, para Freud, justamente na diferença sexual. Em seu estudo sobre o caso Schreber, "Notas psicanalíticas sobre um relato autobiográfico de um caso de paranóia", de 1911, Freud indica, em uma nota de rodapé, que seria um autêntico estado de graça, uma bênção, se e quando finalmente pudéssemos estar livres da diferença entre os sexos. Em 1938, no "Esboço de psicanálise", que seria um de seus últimos trabalhos, publicado postumamente em 1940, Freud postula a dualidade dos sexos como "o maior enigma com o qual nos defrontamos".

Mais uma vez, o emblemático encontro de Édipo e a Esfinge deve estar em nosso horizonte. Este *ánthropos* contido no enigma — na pergunta da Esfinge e na resposta de Édipo — será modulado por Freud em termos da sexualidade, explicitamente pela diferença sexual. Tal como Édipo, Freud busca *explicar* esse enigma, retendo aqui a etimologia do verbo: *ex-plico*, desdobrar, desfazer o plissado, ver as dobraduras, as entrelinhas, e não "chapar" o enigma com um sentido, uma resposta. Édipo apenas aparentemente faz isso, ao responder prontamente "*ánthropos*", conforme vimos.

Com o intuito de pensar a dimensão pensável da diferença sexual, da assunção psíquica do sexo biológico, Freud encontra articulações frutíferas nos significantes desse Outro que é o mito de Édipo. Édipo é o nome de um processo através do qual o macho se torna homem e a fêmea, mulher. Por entretecer diversas instâncias, figuras e elaborações psíquicas, esse processo é chamado de complexo.

Freud ainda nos diz que tal mito traz à tona uma questão central à estruturação do humano, ao psiquismo: as relações fundamentais de parentesco, parafraseando o título de Lévi-Strauss de uma obra capital da antropologia estrutural. Ambos (o autor e essa vertente disciplinar) são solidários à postulação da psicanálise de que a inserção nesse simbólico chamado família e os complexos familiares são estruturantes do humano. O vocabulário freudiano para dizer isso é seu complexo de Édipo.

"*Mamãe eu quero*". O (falso) pudor dos primórdios do século XX reagiu com ânimos exaltados à revelação freudiana de que a presença da sexualidade se dá já na infância. E, mais, de que a criança é dotada de desejos sexuais por aqueles que se ocupam dela, especialmente de sua nutrição, fonte primeira de satisfação. Essa figura é notadamente a mãe. Isso significa dizer que a mãe estará íntima e indissociavelmente associada à satisfação das necessidades e demandas da criança. Subjacente a essa associação, há outra para a criança — o *amor* da mãe está ligado ao ser alimentado, à satisfação de suas necessidades vitais.

Dadas essas funções, já podemos antever uma certa destinação dessa figura na vida psíquica da criança: a mãe será posta no lugar desse objeto último de satisfação plena chamado de *das Ding*. Isto é, para a criança, a figura da mãe (ou seu representante), será dotada de todos os poderes para lhe satisfazer, o que ainda equivale a dizer que, para a criança, a mãe lhe tem como único objeto de amor. É como se a criança refizesse a clássica marchinha de carnaval "Mamãe eu quero mamar" — e não é à toa que ela é clássica e nem de carnaval — em termos de "mamãe = eu quero = eu tenho" e, portanto, "eu quero mamãe".

Só que, como vimos, esse objeto de todo gozo é impossível, *das Ding* é inalcançável, a despeito de algumas leituras que postulam que seu lugar venha a ser ocupado pela mãe. Esta deseja algo além da criança. Esse lugar outro para além da criança como objeto de desejo é ocupado pela figura do pai, para quem se volta o olhar, o desejo da mãe. Importa destacar aqui que não se trata necessariamente do pai encarnado, mas de uma figura, que, como tal, faz figuração desse lugar terceiro, desse terceiro elemento que cinde a dualidade mãe-criança, marcando essa mãe como interditada ao usufruto, ao gozo da criança e esse pai como um rival, objeto de agressividade e medo.

Está configurada assim a tríade do complexo de Édipo, a qual encontra na "tríplice encruzilhada" da personagem trágica uma crucial expressão: "Ah, triplos caminhos", lamenta Édipo ao se dar conta de seus atos. Em sua fuga de Corinto, a fim de escapar dos desígnios do oráculo, segundo os quais ele mataria o pai e desposaria a mãe, Édipo encontra aquele que de fato é seu pai, Laio, no ponto onde se cruzam três caminhos, três direções. Após tê-lo ferido mortalmente, o herói "escolhe" (observando-se aí as reticências que as aspas indicam em relação a essa escolha), dentre as três vias, aquela que o levará a Tebas.

A força do oráculo mostra-se, assim, sobredeterminando a deliberação consciente de Édipo, isto é, uma presença a mais marcando as escolhas, as vias que o sujeito toma. Não se trata, pois, de um determinismo religioso (na ótica trágica), ou cientificista (na ótica psicanalítica). Como vemos dramatizado em *Édipo Rei*, o sujeito é responsável por seus atos, sejam eles conscientes ou não. Nessa encruzilhada ética encontram-se, mais uma vez, a tragédia e a psicanálise.

É por essa intricada teia discursiva que podemos situar o oráculo como discurso do Outro para Édipo. Aquele é a "Outra Cena", como Freud chamou o inconsciente, onde se articulam os desejos mais primevos que o arrebatam a Tebas. Por outro lado, é devido a esse poder de dar a ver, de maneira amplificada, traços da estrutura, que *Édipo Rei* vai funcionar, para a psicanálise, como o discurso do Outro. Tanto na peça quanto na psicanálise, trata-se de uma dimensão do dizer, de uma história que o sujeito conhece e desconhece, *méconnaît*, e que ele será *responsável* por assumir, ou não, seja ao longo do drama, ao longo da elaboração da teoria, de uma análise, de uma vida.

A confusão da Esfinge, do enigma, antecipa a confusão do que se dará, uma vez transpostos os limites da cidade. Édipo receberá, ao mesmo tempo, o trono e o leito real, ele será um *basileús*, rei, que se (des)conhece como *týrannos*, ele se fará marido, sendo filho, pai sendo irmão, reeditando, de maneira dramática, o enigma do discurso do Outro e do desejo: um ser que *ao mesmo tempo* conflui três gerações, três temporalidades do humano, a infância, o ser de quatro pés; a velhice, o de três, e a idade adulta, o bípede, na medida em que é filho (da mãe), pai (dos irmãos), e avô (dos sobrinhos). Ou seja, Tebas é o cenário de uma peça terrível, da colocação em ato de dois interditos fundantes do humano e da cultura: o incesto e o parricídio, figurados no leito real e no trono que Édipo recebe, ao mesmo tempo.

Conclusão

A estrada de Tebas, suas entradas e saídas. A escolha de Édipo, na visada psicanalítica, é uma daquelas instâncias do funcionamento psíquico a que nos referimos acima: ela é sobredeterminada, ou seja, não pertence unicamente ao domínio da consciência, da deliberação racional. O isso também fala aí, arrebatando Édipo em direção a Tebas.

Podemos situar a estrada de Tebas como uma metáfora que a psicanálise lê em termos da via da sexualidade, das entradas e saídas do complexo de Édipo. "Qual o humano que nunca sonhou em partilhar o leito de sua mãe?", pergunta Jocasta, surpresa, a Édipo, quando este lhe confessa estar atormentado pelo receio de vir a dormir com a mãe, tal como o oráculo lhe havia dito. Freud transforma a pergunta em afirmação, sublinhando que o desejo de incesto é correlato de sua interdição. É porque há esse movimento desejante que há o tabu do incesto, para impedir que todos sejamos levados mortificamente a Tebas, para que possamos trilhar outras vias, renunciando a esse gozo absoluto, em cujo campo estão a Esfinge e a mãe. Essas outras vias são o que chamamos em psicanálise de sexuação.

Freud localiza no complexo de Édipo o ponto nodal dessa assunção psíquica do sexo biológico, a qual se dá de maneira diferenciada no caso masculino e no caso feminino. E aqui cabe ressaltar que algo da ordem de um "complexo de Electra", enquanto versão feminina do Édipo, é descartada por Freud. A importância da mãe enquanto primeiro objeto erótico da criança é igual para ambos os sexos. No carnaval da indiferenciação sexual, todos cantamos repetidamente "mamãe eu quero".

A diferença advém do fato de que, para o menino, a renúncia a esse objeto se dá pela ameaça de punição, de castração, de ter seu corpo destituído, tal como o da mãe, de um objeto tão desejado: o falo, enquanto operador de valor, e não órgão genital. Ele renuncia à mãe para manter aquilo que supostamente lhe faz atraente a ela: seu pênis, que ele toma como sinônimo do falo. Já a menina empreende um caminho diverso e mais intricado. Ao se perceber, a si e depois à mãe, sem pênis, ela se toma como sem falo, portanto, castrada, tal como a mãe. Essa assunção da castração a faz se afastar da mãe enquanto objeto de amor, por ser este objeto também faltoso, por ele não ter o falo. Assim sendo, ela faz uma torção, e se volta para o pai, ou seu representante, como objeto amoroso, como aquele que poderá vir a lhe dar este fálico objeto de desejo, que terá na criança uma de suas figurações possíveis.

Dessa forma, complexo de Édipo e complexo de castração — cujo pivô é o falo — articulam-se, marcando diferenças. O menino sai do complexo de Édipo pela via da castração, ou seja, ele se afasta da mãe sob a ameaça de perder o falo e se encaminha para uma posição análoga à do pai. Já a menina entra no Édipo pela via da castração, e aqui Freud nos lembra que, quando se perde um objeto amoroso, a tendência é tentar substituí-lo através da identificação. A menina então, face à castração, reaproxima-se da mãe, identificando-se com ela.

"Quem nunca sonhou em partilhar o leito materno?", é a pergunta de Jocasta na qual podemos condensar, ainda mais do que o esboço citado, a presença desse objeto universalmente desejado na estruturação do psiquismo. *Édipo Rei* põe em cena, retroativamente, o movimento em direção a ele, ao mesmo tempo em que nos mostra o herói fugindo dele — um trágico destino do qual partilhamos todos, como

Jocasta, antes de Freud, já indicava. Assim, a peça põe em cena, para a psicanálise, dispositivos de funcionamento desse discurso do Outro e da posição do sujeito face a esse discurso, assujeitado a ele no exato momento em que se crê negando-o.

O mito de Édipo é uma lupa, e cai como uma luva para Freud no sentido de revelar a estrutura que perfaz esse *ánthropos*. Este, tal como *Oidípous*, é tecido pela linguagem, é ser de linguagem. Nas tramas dela, ele tem que ser masculino ou feminino, ou seja, castrado, incompleto, assujeitado à lei maior dessa gramática simbólica: a do tabu do incesto, lei também fundante da cultura, o que torna possível confluir, na visada lacaniana, linguagem e cultura.

Ponto cego. O mito de Édipo permite a Freud interrogar, perscrutar esse ponto cego que é a passagem da natureza para a cultura, essa fronteira que Lévi-Strauss nomeou como um "entre o cru e o cozido", essa origem da qual só se pode falar através do mito. Um mito que se constrói sobre outro mito, montando um mítico círculo vicioso, sem dúvida. Mas, novamente Guimarães Rosa nos ensina: o mito é esta malha tecida para capturar o indizível.

Talvez seja por essa imbricação mítica que Lacan nos tenha advertido de que o complexo de Édipo é o sonho de Freud, o qual nos cabe interpretar, isto é, desfazer a circularidade, buscar outras formas discursivas para fazer avançar o conceito, a teoria. Esse foi o intento de Lacan ao lapidar o conceito de *metáfora paterna*, e o que tem sido feito por seus seguidores, de maneira mais modesta, dando testemunho de que a psicanálise não é um discurso filosófico, um sistema fechado, mas uma teorização indissociável da prática clínica, com a qual entretém uma relação rica, tensa, e dialética, relação que podemos ver como uma oscilação entre a ciência e a poesia, entre a precisão e o rigor conceituais e sua dimensão metafórica.

Mais-além de Édipo. Devemos a Lacan, já em seu segundo seminário, *O eu na teoria de Freud e na técnica da psicanálise*, de 1954-1955, o alerta aos analistas para que prestassem atenção à última peça de Sófocles, *Édipo em Colono* (401 a.C.), por esta colocar em cena uma dimensão importante do trabalho da — e de uma — psicanálise, levando adiante, pois, a exploração desse discurso do Outro, tanto para o sujeito quanto para a própria psicanálise. "Esta história está amplamente espalhada e não cessa nunca", diz o coro ao pedir a Édipo que conte novamente sua história.

De maneira sucinta e à guisa de concluir a repetição desse encontro da psicanálise com o mito de Édipo, de concluir algo que não é definitivo, que "não cessa de não se escrever" e, por isso, está em toda parte, podemos ressaltar uma exclamação de Édipo nessa obra póstuma de Sófocles. "Quando eu não sou mais, é aí que passo a ser um homem?" [*anér* e não mais *ánthropos*], pergunta atônito o herói. Mais uma vez, um enigma, um sinal de que há um além do *ánthropos* decifrado em *Édipo Rei*.

Sob essa ótica, podemos rever o famoso *insight* de Édipo na peça anterior — "Ah, tudo está claro" —, quando ele finalmente se dá conta de que matou o pai e desposou a mãe. Tal assunção dizia respeito ao reconhecimento de *uma* dimensão de sua história e à reintegração dessa dimensão não-sabida ao que ele imaginava ser sua história, seu ser. Um reconhecimento que também será objeto privilegiado do percurso de uma psicanálise: "O que ensinamos ao sujeito reconhecer como seu inconsciente é sua história", lembra Lacan em "Função e campo da fala e da linguagem em psicanálise", publicado nos *Escritos.*

Mas *Édipo em Colono* nos ajuda a pôr em relevo que em psicanálise não se trata apenas de pedagogia, de aprendizado, de dar sentido (inconsciente) a atos e condutas. O final de *Édipo Rei* nos mostra um Édipo que toma pé de sua história, que se assume como mácula, ou, num vocabulário psicanalítico, que assume a castração enquanto aceitação de limites. Esses limites, como bem mostra o analista francês Jean-Pierre Winter, dizem respeito não somente ao que sou, mas, sobretudo, ao que não sou. E ele acrescenta: "O que não sou é o Outro sexo."

Podemos ouvir a exclamação interrogante de Édipo — "agora que não sou é que sou um homem?" — como um além da assunção da história, da castração, como uma reconciliação com esse não ser, traço fundamental em *Édipo em Colono.* Uma posição que a psicanálise marcará como um "fim de análise", um mais além do sujeito, ou seja, uma aceitação e assunção desse grande Outro cuja última palavra é "morte", ou como disse outra personagem freqüente na cena analítica, Hamlet: "O resto é silêncio..."

Ao final de *Édipo em Colono*, o herói desaparece em uma obscuridade indevassável, em uma cripta da qual nada se pode falar. Origem e fim se aproximam, indicando que a Esfinge continuará reeditando enigmas, os quais, por mais que sejam decifrados, continuarão sempre a nos confrontar com sua dimensão de indecifrável real, com o real da diferença sexual, da reprodução, da vida e da morte.

Referências e fontes

Sobre o debate acerca do estatuto do mito foram consultadas as seguintes obras: *República*, de Platão, edição bilíngüe, Loeb Classical Library, ed. e trad. Paul Shorey (Londres, William Heinemann & Cambridge, Mass., Harvard University Press, 1953); a *Poética*, de Aristóteles, ed. bilíngüe e comentários de S.H. Butcher (Londres, Macmillan, 1911); "Mito e interpretação filosófica", de Paul Ricoeur; "Mitos: epistemologia dos mitos", de Marcel Detienne, "A Grécia antiga: civilização", de Pierre Vidal-Naquet, todos publicados em *Grécia e mito* (André Festugière et al. Lisboa, Gradiva, 1988); *Entre mito e política*, de Jean-Pierre Vernant (São Paulo, Edusp, 2001); *Mito e tragédia na Grécia antiga*, de J.-P. Vernant e Pierre Vidal-Naquet (São Paulo, Brasiliense, vol. I, 1988, vol. II, 1991); *Antropologia estrutural*, de Claude Lévi-Strauss (Rio de Janeiro, Tempo Brasileiro, 1967) e também do mesmo autor: *Mito e significado* (Lisboa, Edições 70, 1985).

Sobre as noções de verdade, esquecimento, memória, comentários e traduções sobre elas, recorremos à *Teogonia*, de Hesíodo (ed. bilíngüe, Loeb Classical Library, Londres, William Heinemann & Nova York, Putnam's Sons, 1928), além da edição comentada de M.L. West (Oxford, The Claredon Press, 1966). Em português, consultamos a edição, com introdução e estudo crítico, de Jaa Torrano (São Paulo, Roswitha Kempf Editores, 1986). Também recorremos a *Os mestres da verdade*, de Marcel Detienne (Rio de Janeiro, Zahar, 1988); ao já citado livro de J.-P. Vernant, *Entre mito e política*, como também à obra de Joaquim Brasil Fontes, *Eros, tecelão de mitos: a poesia de Safo de Lesbos* (São Paulo, Estação Liberdade, 1991).

A respeito dos mitos de Narciso, Eco e Dioniso, consultamos as *Metamorphoses*, de Ovídio (ed. bilíngüe, Loeb Classical Library, Londres, William Heinemann & Nova York: Putnam's Sons, 1929); a obra de Françoise Frontisi-Ducroux e J.-P. Vernant, *Dans l'oeil du mirroir* (Paris, Éditions Odile Jacob, 1997); como também "One, two three... Eros", de J.-P. Vernant, publicado em *Before sexuality: the construction of erotic experience in the ancient Greek world*. Org. David Halperin, John Winkler e Froma Zeitlin (Princeton, Princeton University Press, 1990); e *A morte nos olhos: figuração do outro na Grécia antiga*, de J.-P. Vernant (Rio de Janeiro, Zahar, 1988).

Sobre o mito de Édipo, consultamos as obras de J.-P. Vernant já citadas, incluindo *Mito e tragédia na Grécia antiga*, em co-autoria com Pierre Vidal-Naquet, também supracitada. As questões acerca do nome de Édipo estão em meu artigo "Entre *tyche* e *autómaton*: o próprio nome de Édipo", in *Pulsional, Revista de Psicanálise*. Ano XII, n. 23, 1999. O estudo de C. Lévi-Strauss sobre Édipo, "A estrutura do mito", está publicado em *Antropologia estrutural*, acima citado.

Os dados biográficos de Freud foram retirados do livro *The life and work of Sigmund Freud*, de Ernest Jones (Nova York, Basic Books, 1963).

A referência a Jean-Pierre Winter foi retirada do livro *Os errantes da carne* (Rio de Janeiro, Companhia de Freud, 2001).

Todas as referências às obras de Freud feitas ao longo do trabalho, foram tiradas de *The Standard Edition of the Complete Psychological Works of Sigmund Freud.* Trad. do alemão de James Strachey e Anna Freud (Londres, The Hogarth Press, 1959). A tradução brasileira é feita a partir da versão inglesa. *Edição Standard Brasileira das obras completas de Sigmund Freud* (Rio de Janeiro, Imago, 1970).

De Lacan foram consultadas as seguintes obras: *Escritos* (Rio de Janeiro, Zahar, 1998), *O Seminário, Livro 2: O eu na teoria de Freud e na técnica da psicanálise* (Rio de Janeiro, Zahar, 1985); *Livro 5: As formações do inconsciente* (Rio de Janeiro, Zahar, 1999); *Livro 11: Os quatro conceitos fundamentais da psicanálise* (Rio de Janeiro, Zahar, 1979); *Livro 20: Mais, ainda* (Rio de Janeiro, Zahar, 1985); *Televisão* (Rio de Janeiro, Zahar, 1993); *O mito individual do neurótico* (Lisboa, Assírio & Alvim, 1987).

Leituras recomendadas

Além das obras citadas nas "Referências e fontes", indico alguns textos complementares, quase todos de fácil acesso, que podem contribuir para um aprofundamento de possíveis relações entre mito e psicanálise. Apesar de a bibliografia sobre essa articulação ser abundante, privilegio alguns títulos que mais diretamente tratam do tema e evitam a tão questionável prática da "psicanálise aplicada".

AZEVEDO, Ana Vicentini de. *A metáfora paterna na psicanálise e na literatura.* Brasília: EdUnB e São Paulo: Imprensa Oficial, 2001.

DIDIER-WEILL, Alain. *Invocações: Dioniso, Moisés, São Paulo e Freud.* Rio de Janeiro, Companhia de Freud, 1999.

FREUD, Sigmund. "O tema dos três escrínios". *Edição Standard Brasileira das obras completas de Sigmund Freud.* Rio de Janeiro: Imago, vol. XII.

GUYOMARD, Patrick. *O gozo do trágico: Antígona, Lacan e o desejo do psicanalista.* Rio de Janeiro: Zahar, 1996.

LACAN, Jacques. "A essência da tragédia: um comentário da *Antígona* de Sófocles" e "A dimensão trágica da psicanálise" in *Seminário, Livro 7: A ética da psicanálise.* Rio de Janeiro, Zahar, 1988.

LORAUX, Nicole. "A tragédia grega e o humano" in *Ética*. Adauto Novaes (org.). São Paulo, Companhia das Letras/Secretaria Municipal de Cultura, 1992.

LUCCIONI, Gennie et al. *Atualidade do mito*. São Paulo, Livraria Duas Cidades, 1977.

MEZAN, Renato. *A vingança da Esfinge*. São Paulo, Brasiliense, 1995.

SEGAL, Charles. *Oedípous Týrannus: tragic heroism and the limits of knowledge*. Nova York, Twayne Publishers, 1993.

Sobre a autora

Ana Vicentini de Azevedo é psicanalista e professora de literatura e psicanálise em cursos de pós-graduação na Universidade de Brasília. É Ph.D. em literatura comparada pela City University of New York, EUA, tendo ali recebido o prêmio "Margaret Bryant" por melhor tese na área, no ano acadêmico de 1996-1997. Suas publicações incluem *A metáfora paterna na psicanálise e na literatura* (Brasília, EdUnB e São Paulo, Imprensa Oficial, 2001), além de artigos sobre psicanálise, literatura, arte e cinema. É membro do Corpo Freudiano do Rio de Janeiro.

Um reconhecimento grato da autora a Tania Rivera, Vânia Otero e Elizabeth Cancelli pelas contribuições e trocas na preparação deste livro e, em especial, a Marco Antonio Coutinho Jorge, pela cuidadosa leitura.

Psicanálise **PASSO-A-PASSO**

- **O adolescente e o outro**
  Sonia Alberti
- **Mito e psicanálise**
  Ana Vicentini de Azevedo
- **Sonhos**
  Ana Costa
- **Édipo**
- **Psicanálise com crianças**
  Teresinha Costa
- **Freud: criador da psicanálise**
- **Lacan, o grande freudiano**
  Marco Antonio Coutinho Jorge e Nadiá Paulo Ferreira
- **A sublimação**
  Orlando Cruxên
- **Freud e a religião**
  Sérgio Nazar David
- **O conceito de sujeito**
  Luciano Elia
- **A teoria do amor**
  Nadiá Paulo Ferreira
- **Histeria: o caso Dora**
  Nadiá Paulo Ferreira e Marcus Alexandre Motta
- **A interpretação**
  Laéria Fontenele
- **Freud e a cultura**
  Betty Fuks
- **Política e psicanálise**
  Ricardo Goldenberg
- **A psicose**
  Andréa M.C. Guerra
- **Angústia**
  Sonia Leite
- **Linguagem e psicanálise**
  Leila Longo
- **Para que serve a psicanálise?**
- **A transferência**
  Denise Maurano
- **Depressão e melancolia**
  Urania Tourinho Peres
- **Feminino/masculino**
  Maria Cristina Poli
- **Os outros em Lacan**
  Antonio Quinet
- **A neurose obsessiva**
  Maria Anita Carneiro Ribeiro
- **Arte e psicanálise**
- **Cinema, imagem e psicanálise?**
  Tania Rivera
- **Trauma**
  Ana Maria Rudge
- **A paixão**
  Marcus André Vieira
- **Educação e psicanálise**
  Rinaldo Voltolini